内蒙古建设宜居宜业和美乡村的路径和对策研究

赵　爽◎著

中国商务出版社

·北京·

图书在版编目（CIP）数据

内蒙古建设宜居宜业和美乡村的路径和对策研究 /
赵爽著. -- 北京：中国商务出版社，2023.12
ISBN 978-7-5103-4975-1

Ⅰ．①内… Ⅱ．①赵… Ⅲ．①农村－社会主义建设－
研究－内蒙古 Ⅳ．①F327.26

中国国家版本馆 CIP 数据核字（2023）第 237379 号

内蒙古建设宜居宜业和美乡村的路径和对策研究

NEIMENGGU JIANSHE YIJU YIYE HEMEI XIANGCUN DE LUJING HE DUICE YANJIU

赵　爽　著

出　　　版：中国商务出版社
地　　　址：北京市东城区安外东后巷 28 号　　　邮　编：100710
责任部门：发展事业部（010-64218072）
责任编辑：周　青
直销客服：010-64515210
总 发 行：中国商务出版社发行部（010-64208388　64515150）
网购零售：中国商务出版社淘宝店（010-64286917）
网　　　址：http://www.cctpress.com
网　　　店：https://shop595663922.taobao.com
邮　　　箱：295402859@qq.com
排　　　版：北京宏进时代出版策划有限公司
印　　　刷：廊坊市广阳区九洲印刷厂
开　　　本：787 毫米 ×1092 毫米　1/16
印　　　张：10.25　　　　　　　　　字　数：230 千字
版　　　次：2023 年 12 月第 1 版　　　印　次：2023 年 12 月第 1 次印刷
书　　　号：ISBN 978-7-5103-4975-1
定　　　价：65.00 元

Preface 前 言

　　内蒙古作为我国乡村改革与发展的地区之一，有着丰富的资源和潜力，但也面临着一系列的挑战。本书通过对乡村治理理论、新农村建设理论和人本主义理论的界定与理解，我们将探讨宜居宜业和美乡村建设的科学内涵，分析其发展趋势，并提出基本方略和实践进程。同时，我们要意识到当前乡村建设所面临的问题，如系统规划水平不足、农民主体作用被弱化等，需要通过制定合理的路径和对策来解决。

　　本书旨在探讨内蒙古乡村发展的重要议题，即如何建设宜居、宜业和美的乡村，以满足人民对优质生活环境和可持续发展的追求。

　　本书的研究成果具有学术价值和应用价值。通过对内蒙古乡村建设的深入探讨，希望能够为决策者提供科学的参考和决策支持，为学界提供知识更新和学术交流的视角。我相信，通过内蒙古乡村建设的不断探索和实践，可以为其他地区的乡村发展提供有益借鉴。

　　本书汇集了多位专家学者的研究成果，凝聚了数年来在这个领域的深入思考和实践经验，在此表示衷心感谢。希望本书能够为促进内蒙古乡村建设宜居宜业和美乡村的实现，为乡村发展和人民幸福生活做出积极贡献。

编者

2023.11

Contents 目 录

第一章 导论

第一节 研究背景

一、国家政策导向

2013 年出台的文件中央一号明确提及"推进农村生态建设与环境保护的综合治理，努力构建美丽乡村"，这是对美丽中国发展理念的积极回应，也是国家层面提出的新部署。2021 年，中央一号文件明确提出"开展美丽宜居村庄和美丽庭院示范创建活动"，《国民经济和社会发展第十四个五年规划和 2035 年远景目标纲要》专门部署"建设美丽宜居乡村"发展战略。

随着全面建设社会主义现代化国家新征程的全面开启，我国正努力向第二个百年奋斗目标迈进。2023 年，党的二十大会议提出打造宜居宜业和美乡村的发展规划，就是在以往美丽乡村建设的基础上，面向新发展阶段作出的新部署，是政策继承、实践延续和理论创新的最新成果。当前，为进一步学习贯彻党的二十大会议上的主要精神，实现乡村的繁荣振兴和推进美丽中国的顺利建设，在全面建成小康社会、开启"十四五"规划和内蒙古自治区（以下简称内蒙古）建设"现代化农村""共同富裕示范区"的战略背景下，必须用新的眼光重新认识"宜居宜业和美乡村"对内蒙古乡村建设的指导意义和重大引领作用，分析研究"宜居宜业和美乡村"理论指引下内蒙古农村建设的实践探索并提出深刻的策略思考，努力把内蒙古建设成为践行生态文明思想、展示美丽中国的重要窗口，努力打造更多和美乡村和美城镇，为实现人与自然和谐发展目标提供有效的思路和样板。

二、时代发展需求

在经济社会的发展进程中，我国形成了具有丰厚历史底蕴的农耕文化。农耕文化是我国传统文化的基础，在中国现代化的发展过程中更是需要围绕"农耕文化"解决城乡发展的"三农"问题。另外，在产生农业集体化的同时也催生出了城乡二元结构体系，而该结构的重要组成内容便是乡村建设。

党中央对我国农村地区的发展给予了高度关注，为推动农业、农村与农民的协同发展，党的全国代表大会与中共中央针对"三农"问题进行了深入规划，强调提高农民的收入水平，增强农业科技创新能力，助力农业生产效率的逐步优化，提升农村的整体发展速度。2005年，党中央召开第十六届五中全会将发展目标设定为构建社会主义新农村，反映了党在推动全面建成小康社会建设、解决"三农"问题上的决心。随后在党的十八大会议上，创新提出了建设美丽乡村的新目标。在党的十九大会议上，提出民生的根本内容在于农业农村农民问题，必须始终将全党工作的核心放在解决"三农"问题上。这就要求要围绕美丽乡村建设目标，优化农村居民生活环境，打造出适合居住的美丽乡村，认真贯彻乡村振兴战略。党的二十大报告系统部署了宜居宜业和美乡村的发展战略，制定了明确的发展标准，并强调各地各级政府要认真贯彻宜居宜业和美乡村建设的重点任务。由此，内蒙古需要围绕宜居宜业和美乡村目标，开展乡村的系统化建设，一方面为构建宜居宜业和美乡村提供有效建议，另一方面为其他地区建设宜居宜业和美乡村提供借鉴与思路。

三、内蒙古建设引领

中国乡村建设任重道远，通过国家出台的"社会主义新农村""美丽乡村"等支持性发展政策便可以看出国家对乡村建设的高度重视，并逐渐提升了建设标准与要求。2017年的乡村建设战略要求贯彻"产业兴旺、生态宜居、生活富裕、治理有效、乡风文明"标准，为进一步推进乡村建设发展作出最高指示。2021年，党中央将共建共创共享的时代内涵融入于"共同富裕"的概念之中，旨在缩减收入鸿沟以及城乡发展落差，促进地区差异逐渐缩减，推动乡村地区的物质文明以及精神文明协同发展。与此同时，"三农"问题的发展重心发生了转移，不再停留于"农村""农业"的层面，而是变化为"农民"层面，将关注焦点转变为"人"，引导乡村建设主体对乡村社会给予更高关注。由此可知，"人"逐渐成为乡村建设的根本内容，实现乡村产业的深入发展，为社会和谐以及文明乡村构建奠定基础，成为当前阶段的热门话题。

2023年，党的二十大对全面推进乡村振兴作出战略部署，提出要"建设宜居宜业和美乡村"。2023年6月，习近平总书记在内蒙古考察时强调，要坚持以生态优先、绿色发展为导向，奋力书写中国式现代化内蒙古新篇章。在此背景下，内蒙古宜居宜业和美乡村建设的重要程度更是得到了空前提升。内蒙古地处中国北部，是边疆少数民族地区。近几年来，内蒙古积极探索在乡村现代化发展路径模式，并在实践中取得了显著的成就。作为边境少数民族地区，在乡村建设取得巨大进步的同时，也逐渐暴露出全新的乡村发展问题。例如，乡村同质化现象严重、青壮年劳动力流失率较高、村庄与土地荒废现象不容忽视、公共设施配备短缺、邻里关系淡薄、文化记忆逐渐消退等问题，乡村地区的主要方向在于标准化与城镇化，如此弱化了乡村原有的村庄特色，加剧了乡村地区人口外流与活力不足的情况产生。除此之外，就当前阶段内蒙古乡村建设的主要状况而言，并未充分把握不同要素的协同作用，不同要素之间相互独立，并未形成相应的系统，无法统一利用与推进，整体效果与预期不符。由此表明，随着乡村建设的逐步深入与推进，需更以"建设宜居宜业和美乡村"理念引领内蒙古乡村建设发展。

第二节　研究综述

一、关于乡村建设与发展内涵研究

刘建生（2023）、张国栋（2023）研究指出，新时代乡村建设是具有良好人居环境，能满足农民物质消费需求和精神生活追求，产业、人才、文化、生态、组织全面协调发展的农村，是美丽宜居乡村的"升级版"。杨春华（2023）、周乡振（2022）认为，和美乡村的"和"更突出地体现在提升乡村文化内核及精神风貌上，体现和谐共生、和而不同、和睦相处；"美"更侧重建设看得见、摸得着，既基本功能完备又保留乡味、乡韵的现代化乡村。白双翎（2023）、郭岩峰（2023）基于二十大报告的角度分析了新时代乡村建设的内在指向，指出这是把乡村建设摆在社会主义现代化建设的重要位置，正确处理工农城乡关系作出的重大战略部署，明确了我国应该建设的乡村样貌以及乡村建设的主要路径。王亚华（2023）、田祥宇（2023）基于农村发展的角度提出，建设乡村工程就是对标实现中国式农业农村现代化，将各部门、各条线出台的强农惠农政策真正落实到乡村，形成合力，在新的历史阶段逐步打造现代化的乡村生活形态。

二、关于乡村建设与发展的策略研究

夏冬（2022）、杨守森（2023）强调，在打造新时代乡村要从建设的本质要求、乡村特色和建设时序中，找准建设乡村建设与发展的切入口和突破口，把建设"高质量乡村""生态性乡村"作为顺应人民美好生活向往的关键举措，作为全面推进乡村振兴的平台抓手，作为实现农业农村现代化的战略切入口。崔腾飞（2022）则认为，一方面要加强农村基础设施和公共服务体系建设，让农村具备更好生产生活条件；另一方面，必须高度关注建设农村的精神文明，让社会主义核心价值观逐渐转化为农民群众的价值体系，并带动农民自觉践行。胡俊生（2022）、张孝德（2022）认为，要认真学习贯彻习关于"三农"工作的重要论述，不断框定总量、盘活存量、做优增量、提高质量，不断提升农村人居环境质量和公共服务水平，促进农村物质文明与精神文明协调共生，推动乡村经济、乡村法治、乡村文化、乡村治理、乡村生态、乡村党建全面强起来。

三、关于内蒙古宜居宜业和美乡村的建设发展研究

自党的二十大召开以来，内蒙古自治区积极响应宜居宜业和美乡村建设号召，并出台了《内蒙古自治区乡村建设行动重点任务推进方案》，强调"把家园建设得更美丽、更舒适、更幸福、更文明，是广大农牧民的共同愿望"。在此背景下，鄂尔多斯市紧扣围绕

"国家重要农畜产品生产基地"目标,具体规划了"良种、良田、良企、良策、良才"5个关键任务。通辽市围绕"推进宜居宜业和美乡村建设"开展了宣讲工作,并将工作重心落于乡村发展、乡村建设、乡村治理三个方面。巴彦淖尔市委下发《巴彦淖尔市委关于深入贯彻落实〈内蒙古自治区党委关于认真学习宣传贯彻党的二十大精神的决定〉的实施意见》,强调建设"巴彦淖尔宜居宜业和美乡村"品牌。但现阶段,学术界有关内蒙古宜居宜业和美乡村的研究却寥寥无几,学术界对内蒙古乡村发展的研究主要集中于内蒙古乡村振兴建设与美丽乡村建设之上,这为本课题研究带来一定的参考价值。

关于内蒙古乡村振兴建设研究:柳颖(2022)、王晓欣(2023)根据乡村振兴战略的实施目标,打造乡村振兴战略逐步落实的发展规划以及相应的精准扶贫配套方案,提出产业兴旺与产业扶贫相互联动、生态宜居与生态扶贫同时推进、乡风文明与扶志扶智教育互相促进,实现乡村内生治理与精准扶贫阶段外生治理协同并进。包思勤(2022)、谭鑫(2022)认为,内蒙古自治区出于对"三农"问题的考量,必须全力推行乡村振兴战略。其中的首要任务在于实现产业振兴,缩减城市与乡村的发展鸿沟。基于以上情况,他们深入分析了内蒙古自治区乡村振兴战略的实际发展短板,并根据实际情况制订解决方案,以期推动内蒙古自治区贯彻落实乡村振兴战略,推动其经济发展水平保持稳定增长态势。

关于内蒙古美丽乡村建设研究:赵欣(2021)、任飞宇(2021)将奈曼旗庙屯村作为研究试点对象,其研究指出美丽乡村标准化要面向服务对象,开展美丽乡村体系建设、标准研究、标准制定与修正、标准实施等工作。内蒙古自治区开展农村综合改革标准化建设工作,需要在政府的领导下各个部门互相合作,积极参与实地调研,建设生态发展体系,其核心目的在于为人民群众服务,直接受益者为农民群体,提升乡村地区的经济发展水平。周明星(2019)、吴志斌(2020)、曹开军(2022)认为,根据已有的脱贫攻坚成果,内蒙古东西部地区应保持合作关联、共同前进,规避规模性返贫的现象,致力于建设"7+5"现代化农业体系,确保乡村产业的繁荣发展,如此才可落实美丽乡村建设方针。

四、研究现状述评

就已有研究的经验内容来看,学术界对内蒙古乡村振兴建设、内蒙古魅力乡村建设的研究相对较多,但此类研究多是立足内蒙古某一地区的微观视角进行有针对性的问题探索,虽然研究实践性较强,但无法实现研究观点的全面化推广,无法适用于内蒙古其他地区的建设与发展之上,缺乏相对完整、全面、具有文化整体意识以及具有前沿性的研究成果。同时,能够结合党的二十大时代背景,探讨内蒙古宜居宜业和美乡村建设的研究更是尚未出现,因此为本书课题留下了较为广阔的可探索空间。

从内蒙古的现阶段发展实情来看,推进宜居宜业和美乡村建设是内蒙古落实乡村振兴战略,推动农村产业、文化、生态等方面协同发展的关键举措,同时是内蒙古优化乡村治理,汇聚民心民意的必由之路。因此,亟待对内蒙古宜居宜业和美乡村建设的主要思路进行整合梳理,同时有关建设路径的探讨仍需要更为深入、前沿的研究成果。基于此,本书探讨内蒙古宜居宜业和美乡村建设路径，以期通过研究为内蒙古农村地区的高质量发展提供参考与借鉴。

第三节 研究方法与框架

一、研究方法

（一）文献研究法

文献研究法的是研究乡村振兴和内蒙古乡村建设的一种经典方法。通过中国知网、万方等学术数据库的内容检索，笔者将系统地收集有关乡村振兴、内蒙古乡村建设、美丽乡村和宜居宜业和美乡村建设等方面的学术文献，包括论文、期刊、专著以及相关政策文件等。通过广泛而深入的文献检索，笔者能够全面了解当前学术界对乡村建设各方面的研究现状，本书提供充分的理论依据。

这一方法的关键在于仔细综述已有的研究。通过对已有文献的深入分析和综述，笔者可以发现已有研究的主要观点、研究方法和结论。这有助于我们对乡村振兴理论、内蒙古乡村建设经验以及相关政策的深入理解。同时，通过文献综述，笔者可以找到已有研究的不足，为后续研究提供拓展和深化的方向。

文献研究法的专业性体现在其对学术文献的广泛搜集和深入综述。这不仅需要研究者具备对相关领域的深刻理解，还要有良好的文献检索和综述能力。通过这一方法，笔者将能够系统地整合已有研究成果，对乡村振兴和内蒙古乡村建设提出更加全面和深入的认识。这种方法的学术价值在于为后续研究提供理论基础，促进对乡村建设理论和实践的深入思考。

（二）田野调查法

田野调查法是一种直接获取实地信息的重要手段。通过选择内蒙古乡村振兴办、某农村村两委、生态环境治理机构单位工作人员作为研究对象，笔者能够直接了解相关决策层对乡村建设的政策理念、实施步骤以及所面临的挑战。这有助于将研究结果与实际政策和实践相结合，提高研究的实证性和可操作性。

问卷调查是田野调查法中的一项重要手段。通过向内蒙古乡村振兴办、某农村村两委、生态环境治理机构单位工作人员发放问卷，笔者能够收集到大量的定量数据，包括他们对当前农村建设的认知、参与程度，以及对未来发展的期望等。这些数据可以为笔者提供深入了解内蒙古乡村振兴状况的材料基础。

一线访谈是丰富研究内容的关键环节。通过对相关村民的访谈获得更为具体和深入的信息，包括他们在宜居宜业和美乡村建设中的角色、感受、期望等。这种贴近实际的交流将使本书更富有人文关怀，更能反映出乡村振兴的真实面貌。同时，这有助于挖掘出成功的经验和可推广的做法，为其他地区提供有益的借鉴。

（三）经验总结法

经验总结法在研究中的应用是为了及时反思和调整研究过程。通过定期召开课题跟进会议，我们能够在研究小组内部分享研究中的心得和经验，形成集体的智慧和共识。这种团队协作的方式有助于及时发现问题，为研究提供有效的纠正和优化措施。

课题跟进会议是保证研究质量的关键环节。在会议上，参与人员可以共同探讨课题的研究方向、方法和初步结论，从而形成有机的研究框架。通过与他人的交流和碰撞，我们可以更全面地考虑问题，确保研究的全面性和深度性。这有助于提高整个研究团队的凝聚力和协同效率。

及时分析调整是经验总结法的一项重要任务。在会议中，我们不仅能够总结已有的研究经验，还能够根据反馈和讨论，及时调整研究方向和方法。这种灵活性和反馈机制有助于确保研究的及时性和前瞻性。同时，及时分析调整是对研究成果不断优化和提升的过程，使得研究更加符合实际需求和学术标准。

（四）跨学科研究法

跨学科研究法在本书中具有重要的意义。由于内蒙古宜居宜业和美乡村建设涉及众多方面，包括但不限于生态、政治、经济和社会等多个学科领域，采用跨学科的研究方法能够更好地应对这一多元问题。首先，我们需要明确各学科的核心理论和方法，以建立一个有机的整体框架。

跨学科研究法有助于打破学科壁垒。我们邀请来自不同学科背景的专家学者参与，进行深入地讨论和交流。通过集思广益，更全面地理解内蒙古宜居宜业和美乡村建设的多维问题，形成更为综合和系统的研究结论。

采用跨学科研究法有助于促使各学科之间形成有效的交叉融合。在实际研究中，我们设立交叉学科研究小组，由不同学科的专家共同参与。通过密切的协作和讨论，可以使各学科的专业知识得到进一步整合，为宜居宜业和美乡村建设提供更为全面和深入的分析。

另外，跨学科研究法在研究结果的应用上也能发挥作用。通过综合多个学科的研究成果，我们可以为内蒙古宜居宜业和美乡村建设提供更为丰富的思路和方法。这有助于为实际工作提供更为全面、科学的指导，推动内蒙古乡村建设在多个方面取得更为显著的成果。

二、研究框架

本书研究框架主要包括研究背景、概念界定与理论基础、科学内涵、基本方略、实践进程、困境、现实路径、总结与展望等八个章节，形成了一个系统而完整的研究体系。详见图1-1。

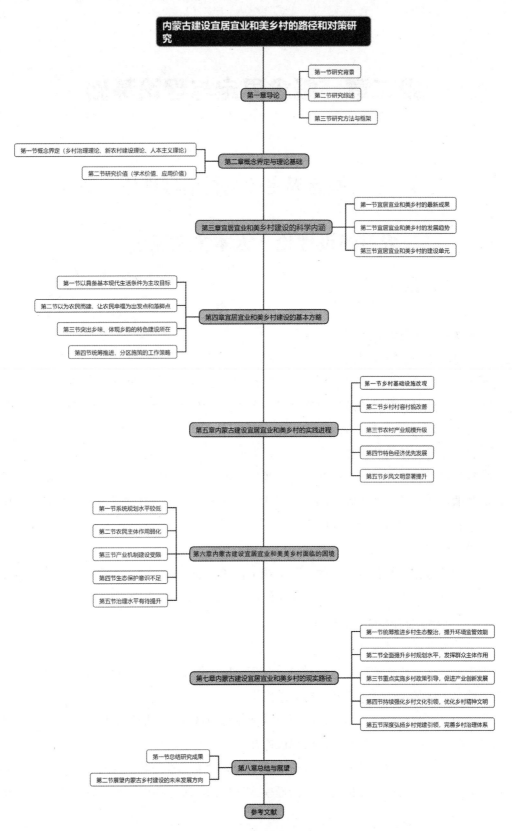

图1-1 本书研究框架图

第二章 概念界定与理论基础

第一节 概念界定（乡村治理理论、新农村建设理论、人本主义理论）

一、乡村治理理论

（一）乡村治理理论的演进

1.农村改革开放与乡村治理理论的兴起

改革开放以来，中国农村发生了巨大的变化，农村人口流动性增强，基层自治组织功能逐步减弱。此时，乡村治理理论迎来了发展机遇。农村土地改革、农民流动、新社会组织出现等因素共同推动了乡村治理理论的兴起。

2.村委会管理模式的挑战

传统的村委会管理模式在改革潮流中受到冲击。随着农村人口涌入城市就业以及农村土地改革的深入，传统的村委会的管理模式面临着挑战。社会对基层自治组织提出更高期望，希望其能够适应新的社会发展。

3.农村新兴组织的崛起

农民专业合作社等新型组织的兴起削弱了传统村委会的地位。这些组织在推动农村经济发展、提升农民收入等方面发挥了积极作用，使社会管理机制逐步更新与拓展。

（二）乡村治理理论的定义和特性

1.不同学者的乡村治理定义

贺雪峰认为，乡村治理是指乡村自主管理，以确保乡村社会的稳步发展。这强调了基层自治的自主性和对社会稳定发展的促进作用。

党国英将乡村治理定义为乡村政府或其他乡村地区权威机构为乡村社会供给公共产品与公共服务。这凸显了政府及其他权威机构在乡村治理中的角色。

徐晓全认为，乡村治理概念与乡村治理结构概念可基本等同。乡村治理结构具体是指在特定时间内，乡村社会保持稳定的治理模式，包括治理主体以及乡村社会中的全部权力关系。

2.乡村治理的主要特性

（1）基层自治性

乡村治理强调基层自治的自主性，即乡村社区在治理中具有相对独立的决策权和管理权。

（2）社会问题处理属性

乡村治理的核心在于解决农村社会发展中的问题，包括但不限于经济、社会、文化、生态等多个层面。

（三）乡村治理理论与内蒙古乡村建设

1.乡村治理理论的应用

（1）乡村治理与"宜居宜业和美乡村"理念

乡村治理理论为实现"宜居宜业和美乡村"提供了理论支持。通过强调自治性、解决社会问题，乡村治理为内蒙古乡村建设指明了方向。

（2）基于乡村治理的路径和对策研究

内蒙古乡村建设需要深入研究乡村治理的路径和对策。基于该理论，可以提出切实可行的建议，以推动内蒙古乡村建设的全面发展。

2.学术价值与实践意义

（1）学术价值

对乡村治理理论的深度研究有助于理解其在不同社会背景下的变化和演进。这有助于拓展乡村治理的理论体系，提高学术研究的深度和广度。

（2）实践意义

在实践中，深刻理解乡村治理理论，有助于更好地指导内蒙古乡村建设的实际工作。通过将理论与实践相结合，可以更加高效推动乡村振兴战略的实施。

二、新农村建设理论

（一）新农村建设的概念

1.新农村社会主义

（1）新农村概念的演变

"新农村"的概念在我国的发展历程中经历了多个时期，每个时期都反映了社会主义事业的不同阶段和发展需求。

首先，"新农村"概念在五十年代的初期提出，其中的"新"一词主要强调土地性质和产权的变革。在这个时期，由于旧时代大地主和大资产阶级的土地所有权问题，新中国建立后实行了农村集体化改革，将土地所有权从个别少数人手中转移到了农民集体所有，标志着土地性质的巨大变化。这一时期的"新"主要体现在土地制度的转变，为农村社会主义建设奠定了基础。

其次，八十年代的"新"涵义呈现了两个主要方面：一是随着时代的演进，工业发展达到临界点，原有"以农为本"的理念逐渐失去适应性。这意味着农村发展需要更加多元化和全面化的思路，不再仅仅局限于农业。二是指导思想上的变化是80年代"新"概念的重要组成部分。在二世纪八十年代，新农村建设的目标更着重于促进全面小康、减少城乡差别，推动经济发展的战略调整。这标志着新农村概念从单一的政治任务向全面建设转变。

（2）新农村概念时期的理论指导与实践路径

首先，在五十年代，新农村建设的理论指导主要体现在土地制度的根本性变革。这一时期，通过农村集体化改革，实现了土地的集体所有。这一变革的实践路径包括土地的重新分配、农民集体经济组织的建立，以及社会主义农村建设的基本方针。这一时期的实践路径为我国农村社会主义建设奠定了基础。

其次，在二十世纪八十年代，新农村建设理论的指导和实践路径发生了明显的变化。一是在理论指导上，新农村建设的理念不再仅仅局限于农业，更加注重农村全面发展。这一时期提出的"以农为本"的理念需要适应新时代的经济发展需求。二是在实践路径上，新农村建设从过去的政治功能逐渐向全面小康、减少城乡差别的经济发展战略转变。这时期的实践路径包括推动农村产业升级、改善农村基础设施，以及促进城乡经济共同繁荣。这一时期的新农村建设为中国农村走向全面建设提供了战略支持。

再次，不同时期的"新农村"概念在理论内涵上表现出鲜明的差异。在五十年代，新农村概念理论内涵主要集中在土地制度的变革，以实现农村集体所有为核心。到了八十年代，理论内涵不仅涉及土地问题，还包括经济结构的调整、城乡关系的协调等多方面内容。这反映了社会主义事业的发展，新农村概念的理论内涵逐渐丰富和深化。

最后，通过对新农村概念演变的分析，我们可以得到一系列对中国社会主义建设的启示。一是新农村概念的发展反映了我国社会主义事业的多阶段性和渐进性。二是不同时期的新农村概念在理论内涵、实践路径上的调整，为我国农村社会主义建设提供了有益的经验和教训。三是新农村概念的演变显示了我国在农村建设方面逐步形成全面、可持续的发展战略，对未来的农村社会主义建设提供了重要的借鉴和参考。

2. 新农村建设

首先，社会主义新农村建设的提出源自中国共产党十六届五中全会，这一时期标志着中国社会主义事业迈入了新的发展阶段。在社会主义制度下，新时期对农村发展提出了更高要求，需要全面深化农村改革，加强对农村各个方面的建设，以适应经济社会的新变革和农民群众的新需求。

其次，社会主义新农村建设的总体目标明确而多元，"生产发展、生活宽裕、乡风文明、村容整洁、管理民主"五大方面综合考量了农村建设的多个维度。这一总体目标体现了全面建设现代化农业农村的追求，同时反映了对乡村社会文明、环境质量和治理体系的全面要求。这五个方面互为支撑，构成社会主义新农村建设的内在逻辑和整体框架。

再次，社会主义新农村建设涉及农业经济、政治生态、文化素质、社会环境四个层面。一是在农业经济层面，强调推动农业现代化，提高农产品质量，实现农业的可持续发展。二是在政治生态层面，关注农村治理体系的建设，提倡民主参与，强调法治的建设，以构建和谐稳定的政治生态。三是在文化素质层面，强调传承和发扬农村传统文化，提高农民的文化素质，促进社会文明的进步。四是在社会环境层面，倡导绿色环保理念，推动农村社会的可持续发展，注重生态文明的建设。

最后，社会主义新农村建设的实践路径通过一系列政策和计划得以展开。这涵盖了农业产业结构的调整、基础设施建设的加强、农村治理体系的改进、文化教育水平的提高等多个方面。这一实践路径的深入推进取得了显著成效，不仅推动了农业农村的现代化，也提高了农民的生活水平，改善了乡村环境质量，促进了农村社会的和谐发展。

3. 新农村建设的重要性

首先，新农村建设在中央一号文件中被明确为推进城乡统筹发展的关键措施。这不仅体现了我国政府对农村问题的高度重视，也意味着新农村建设在全面推动国家经济社会发展中扮演着重要角色。城乡统筹发展不仅关乎经济平衡，还涉及社会公平与民生改善。通过加快基础设施建设、提高公共服务水平等方面的努力，新农村建设为实现城乡统筹发展提供了重要支持，有助于缩小城乡发展差距，促进全国经济协调发展。

其次，中央一号文件明确了新农村建设的多方面任务，包括加快基础设施建设、提高公共服务水平、开展人居环境整治、推进劳动力转移就业创业、实施脱贫攻坚等。这些任务形成了全面、系统的新农村建设指导方针，对农村问题的治理提供了明确的路径和策略。通过在这些方面做出努力，新农村建设有望在经济、社会、环境等多个层面实现全面发展，为农村的整体提升打下坚实基础。

再次，尽管中央一号文件对新农村建设作出了详细安排，但目前我国仍面临一系列问题，如基础设施薄弱、公共服务水平不高、农民群众生活条件有待提高等。另外，农村的老龄化"空心化"问题也逐渐显现。这些问题需要政府和社会各界共同努力，寻找切实可行的解决方案，以确保新农村建设的全面推进。

最后，新农村建设不仅是为了缩小城乡差距，更是为了实现"美丽中国"目标。中国社会要想取得更大的发展，乡村就必须变得更美丽。经济的迅速发展导致农村环境问题日益凸显，与"美好中国"的需求不相符。因此，新农村建设要重视乡土风味，保持乡村风貌，提高农村生活质量，打造美丽乡村。这不仅是广大农村居民的期望，也是对国家可持续发展的重要贡献。

（二）新农村建设的相关理论

1. 生态保护理论

首先，生态保护理论在社会主义新农村建设中具有不可忽视的重要性。社会主义新农村建设的目标不仅仅是经济的繁荣和社会的进步，还包括对农村生态环境的全面保护和可持续利用。生态环境的健康与新农村建设的成功密切相关。只有在生态平衡的基础上，新农村才能实现绿色发展，确保人民群众的生活质量，防范自然灾害，推动农村社会的可持续发展。

其次，生态保护理论要求形成农业生产和乡村农业生活相结合的建设模式。这意味着在农村发展中，不能仅仅追求经济增长而忽视对生态环境的保护。新农村建设需要通过科学规划和合理布局，保留农村原有的自然景观，优化农田布局，推动农业可持续发展。同时，要重视乡村农业生活的品质，鼓励农民采用环保的农业生产方式，提高农村生态文明水平，使农业与生态相互促进，实现可持续发展。

再次，生态保护理论可以从城市发展中的经验中汲取灵感。城市化进程中，生态环境的破坏常常伴随着经济发展，而生态保护意识的提高对城市的可持续发展起到了重要作用。将这种经验引入农村生态保护中，可以更好地实现农村和自然环境的和谐共生。通过科学规划、环保技术的应用以及社会宣传教育，农村地区能够有效应对发展中可能出现的环境问题。

最后，生态保护理论需要在农村生态环境的研究与实践中得以不可懈怠地贯彻。农村地区的生态环境问题多样而严重，需要结合当地的实际情况进行详细研究。同时，科研机构与政府部门应该密切合作，制定科学的生态保护政策，通过制度建设、法规完善等手段，确保生态保护理论能够真正贯彻到新农村建设的实际操作中。

2. 城乡统筹理论

首先，城乡统筹理论的核心在于"五个统一"的思想，这标志着对传统城镇和乡村"双线发展"观念的重大突破。这一理论创新在新的历史条件下应运而生，具有"前无古人、后无来者"的特点，为农村发展指明了一条深具历史意义的道路。通过实现城乡的统筹发展，旨在构建一个城乡一体的发展格局，使得城乡关系不再是单一、分离的，而是相辅相成、互惠互利的。

其次，城乡统筹理论强调坚持城乡一体，通过同时协调经济、政治和政策的手段，实现城乡共同发展的目标。在经济方面，城乡统筹要求协调资源配置，促使农村经济的健康发展，同时推动城市的生态空间优化。在政治层面，要实现城乡协同治理，确保农村居民享有与城市居民相等的政治权利。在政策层面，城乡统筹需要通过科学的政策引导，促进城乡全面发展。

再次，城乡统筹理论注重通过协调手段对城乡之间的经济分配进行持续改进。这意味着要消除城乡发展不平衡的问题，提高农村的生活品质，同时优化城市的经济结构。通过科学的城乡规划和经济政策的调整，实现城乡经济发展水平的互通互补，从而促进城乡经济全面提升。

最后，城乡统筹理论在实施中不仅促进了乡村经济的发展，同时有力地推动了城镇的建设。通过建立互惠互利的城乡关系，实现了城乡共同繁荣。这不仅提高了农村居民的生活水平，还促进了城市的经济、社会和文化的全面发展。

3. 可持续发展理论

首先，可持续发展理论强调对农村或农场进行活动时是否具有可持续性。这一理论起源自对环境资源的关切，旨在防止持续地开发和过度消耗资源。在新农村建设中，可持续发展理论要求在农村发展中注重节约，避免盲目大规模地开发，以及过多地成本支出。这一理论体现了对环境、社会和经济的综合考量，强调农村发展应当在满足当前需求的同时，不损害未来的发展可能性。

其次，新农村建设中的生态文明建设成为可持续发展的重要内容。可持续发展不仅关注经济的繁荣，还强调对环境和文化的尊重。在新农村建设中，生态文明建设要求农村发展既要具有吸引力，又不能对地方的生态和人文环境造成过大的破坏。这意味着在规划和实施新农村建设项目时，必须充分考虑生态平衡，确保农村发展不仅是经济上的提升，同时也是对自然环境的保护和文化传承的延续。

再次，我国独特的城乡二元结构成为制约经济社会可持续发展的瓶颈。城乡二元结构导致了我国在城乡之间的发展差异，城市和农村的资源配置存在不均衡，导致了发展的不平衡。这一结构制约了可持续发展的实现，因为在城乡差异较大的情况下，农村的可持续发展难以得到有效保障。解决城乡二元结构问题，实现城乡平衡发展，成为推动我国可持续发展的紧迫任务。

最后，城乡可持续发展需要制定整体战略，以解决独特的城乡二元结构带来的挑战。这可能涉及政策的调整、资源的重新配置以及农村社会和经济结构的优化。未来，可持续发展理论在城乡建设中将继续发挥引导作用，为实现城乡平衡、提升农村生活品质提供理论指导。在政策层面上，应当加强对农村可持续发展的支持，通过科学规划和政策引导，推动城乡一体化，实现农村的可持续繁荣。

（三）新农村建设理论与内蒙古乡村建设的关联

1.理论的应用

（1）新农村建设理论与"宜居宜业和美乡村"

新农村建设理论为实现"宜居宜业和美乡村"提供了深刻理论支持。通过调整城乡关系，实现农村的全面发展，推动城乡共同繁荣。

（2）基于新农村建设理论的路径和对策研究

内蒙古乡村建设需要深入研究新农村建设理论的路径和对策。基于这一理论框架，可以提出具体可行的建议，以推动内蒙古乡村建设的全面发展。

2.学术价值与实践意义

对新农村建设理论的深入研究有助于理解其在中国社会背景下的适用性和发展趋势。这有助于拓展新农村建设的理论体系，提高学术研究的深度和广度。

在实践中，深刻理解新农村建设理论，有助于更好地指导内蒙古乡村建设的实际工作。通过将理论与实践相结合，可以更加高效推动乡村振兴战略的实施，实现城乡共同发展。

通过对中国新农村建设理论的演变进行全面分析，以及这些理论与内蒙古乡村建设的关联，本书研究旨在为推动乡村振兴提供理论支持和实践指导。这不仅具有学术价值，还在实践中具有积极的社会意义。新农村建设理论的深入研究将为推动我国农村社会转型提供有益的经验借鉴。

三、人本主义理论

（一）人本主义理论的背景与起源

人本主义心理学的崛起可以追溯到二十世纪六十年代，这一时期在美国兴盛，并成为心理学领域中的重要学派之一。这个时代背景背后有着对传统心理学范式的批判和反思，尤其是行为主义和心理分析理论。

在这一时期，行为主义和心理分析理论虽然主导了心理学研究，但也受到了批评。行为主义将人类行为简化为对刺激的反应，忽略了个体的内在体验和情感。心理分析理论过于强调潜意识和冲突，对人类积极心理健康的探究显得不足。

在这一批判的基础上，人本主义理论应运而生。人本主义试图填补传统理论的空白，更关注个体的内在体验、自我实现以及积极的人性。

（二）批判行为主义和心理分析

1.行为主义的机械观

人本主义理论对行为主义提出批判，认为其将人类行为简化为对刺激的机械反应，忽视了人的主观能动性。行为主义过于强调外在的刺激和反应，对内在思想和情感的研究相对缺乏。

2.心理分析的不足

对心理分析理论，人本主义同样提出异议。心理分析理论虽然注重潜意识和冲突，但是忽视了积极的心理健康和个体的自我实现。人本主义理论认为，人类不仅仅是受冲突和欲望驱动的动物，还是有积极向上的内在动机的主体。

二、人本主义理论的核心观点

（一）强调个体自主性

1.个体经验对行为的影响

人本主义理论深刻关注个体的内在体验，强调个体的经验对行为的深刻影响。与行为主义机械化的观念相反，人本主义理论认为每个个体都是独特的，其经验和观点在塑造行为与决策中起着关键作用。

2.自我意识对行为的决定作用

在人本主义理论中，自我意识被视为对个体行为的决定性因素。个体对自身的认知、情感体验和目标设定都在塑造其行为中发挥着至关重要的作用。这使得个体不再被视为被动的机器，而是能够主动参与和塑造自己生活的主体。

（二）人性积极且可信赖

1.积极的人性观

人本主义理论对人性的观点是积极的。理论认为个体内在地具备发展的趋向和内在动机，这些积极的元素推动个体向更高层次的自我实现迈进。与传统心理学中强调人类欲望和冲突的观点不同，人本主义强调个体内在的积极能量。

2.生活的价值在于实现信仰

核心观点中，人本主义理论认为"生活的价值在于实现信仰，包括自我发展以及彰显其他价值"。这意味着个体的生活不仅仅是为了满足基本需求，还是为了追求更高尚的目标和信仰。个体的自我实现不仅仅是满足自身需求，还是通过实现自己的信仰来为社会做出积极的贡献。

三、人本主义理论在内蒙古宜居宜业和美乡村建设中的应用

（一）以人为核心的乡村建设

1.个体化需求的全面考虑

在内蒙古宜居宜业和美乡村建设中，人本主义理论可以为人为核心的乡村建设提供指导。通过全面考虑乡村居民的生活、文化、社交等多方面需求，可以创造更符合个体化需求的宜居乡村。

2.强调社区参与和决策

人本主义理论强调社区成员的参与和决策，内蒙古的乡村建设可以通过设立居民委员会、听取民意等方式，使居民更直接地参与乡村规划和建设，使整个社区更贴近居民需求。

（二）促进乡村环境、产业、文化的协同发展

1.有温度的乡村社区

人本主义理论注重关注个体的需求和自我实现，应用于内蒙古的乡村建设将有助于建设一个有温度、有人情味的社区。通过强调社区文化、传统乡土特色，促进乡村环境的和谐发展。

2.推动全面发展

人本主义理论的实践应用将有助于乡村环境、产业、文化等方面的协同发展。通过关注个体需求，推动产业结构优化，培养乡村文化，实现乡村的全面发展，使乡村成为生态宜居、产业兴旺、文化繁荣的综合体。

（三）实现宜居宜业和美乡村目标

1.强调人的主观能动性

人本主义理论的理念符合宜居宜业和美乡村的建设目标。通过强调人的主观能动性，

鼓励居民发挥创造性，使内蒙古的乡村建设更具活力和可持续性。

2.走向人性化和可持续发展

内蒙古的乡村建设在人本主义理论的指导下，可朝着更人性化、可持续、充满活力的方向发展。通过满足居民需求、注重环境保护、促进产业升级，实现宜居宜业和美乡村的综合目标。

总体而言，人本主义理论在内蒙古宜居宜业和美乡村建设中的应用将有助于创造一个更具人情味、更符合居民需求的乡村社区，为内蒙古的可持续发展奠定基础。

第二节　研究价值（学术价值、应用价值）

一、学术价值

（一）推进新时代农业农村现代化的传播与深化思考

1.理论认同感的增进

首先，在深入研究"宜居宜业和美乡村"理论与实践之前，首先需要对其理论基础进行深入剖析。理解这一理论的来源、形成过程以及主要概念，有助于建立对"宜居宜业和美乡村"理论的坚实认识。通过对相关文献、理论论著的仔细阅读，深挖"宜居宜业和美乡村"理论的内在逻辑，使研究者对其理论体系有更为清晰的认知。

其次，在理论基础的掌握之后，通过实地考察与案例分析进一步加深对"宜居宜业和美乡村"理论的认识。实地考察可以使研究者近距离感受乡村建设的现状，了解理论在实际场景中的应用与效果。通过选择具有代表性的乡村案例进行深入分析，可以更具体地展现"宜居宜业和美乡村"理论的实践路径和成果。这一步骤将使研究者深入了解理论的实际落地情况，增强对其理论内涵的体验性理解。

最后，深入在理论基础和实地考察的基础上，对"宜居宜业和美乡村"实践的成效与问题进行深度剖析是理论认同感的重要环节。通过对实际案例中取得的成功经验和面临的挑战进行分析，可以全面了解"宜居宜业和美乡村"理论的可行性和局限性。这一环节有助于形成对"宜居宜业和美乡村"理论的全面评价，增进对其的理论认同感。

2.乡村振兴战略的推动

首先，在深入研究"宜居宜业和美乡村"理论时，首先需要明确其与乡村振兴战略的内在契合关系。通过对理论的核心要点进行梳理，将其与乡村振兴战略的各项目标相对照，找出理论在推动农村振兴中的具体应用路径。这一步骤有助于形成理论和战略的紧密结合，提升乡村振兴战略的理论指导性。

其次，通过对"宜居宜业和美乡村"实践案例的深入研究，可以挖掘其在乡村振兴实践中所取得的成果与问题。这一分析旨在发现哪些实际操作是成功的，对农村振兴产生了积极影响，同时要理解存在的问题和挑战。通过对实践的全面剖析，形成推动乡村振兴战略的有效策略，提供更为具体和可操作的建议。

最后，在深入思考的过程中，需要形成对"宜居宜业和美乡村"理论与实践经验的推广和普适性思考。要明确哪些经验可以在其他地区得以推广，为各地提供有益的借鉴。同时要意识到在实际推动中可能面临的差异和局限性。这种思考有助于在更广泛的层面推动乡村振兴战略，为全国各地提供更加全面的经验分享。

3.新时代生态文明思想的发扬

首先，要深度融合"宜居宜业和美乡村"理论与新时代生态文明思想的内在关联。通过对比两者的核心理念与交叉分析，找出它们之间的契合点。这有助于形成更为统一、系统的理论框架，为推动生态文明建设提供理论支持。

其次，深入研究"宜居宜业和美乡村"实践成果，关注其在生态文明建设方面的具体效果。通过分析实践案例中的环保、资源利用等方面的表现，形成在生态层面的实际价值。这有助于彰显理论与实践对新时代生态文明思想的发扬，为生态文明的实现提供切实可行的路径。

最后，将研究成果通过多种途径传播，加强对"宜居宜业和美乡村"理论与实践的宣传力度。结合新时代生态文明思想，通过媒体、学术交流等形式，深入普及理论内涵，强化社会对生态文明重要性的认知。这一过程旨在使更多的地区在推进乡村振兴的同时，更加关注和注重生态环境的保护。

（二）丰富世界乡村建设理论的内涵与推动中国特色乡村建设理论的发展

1.丰富世界乡村建设理论的内涵

首先，通过深入研究内蒙古"宜居宜业和美乡村"理论，可以为世界乡村建设理论的多元化提供有益启示。内蒙古的实践经验不仅侧重经济层面的发展，还注重对乡村文化、生态环境的保护。这为世界乡村建设理论提供了一种多元、全面发展的思路。

其次，内蒙古"宜居宜业和美乡村"理论在推动社会参与和治理机制方面进行了创新。这一实践经验有助于拓展世界乡村建设理论中关于社会参与和治理的范式。通过深入研究这一方面的成果，可以为其他国家和地区提供有效的参考，推动乡村治理理念的更新。

最后，内蒙古"宜居宜业和美乡村"理论在乡村经济发展方面进行了创新尝试。通过深入研究这一理论的经济模式，可以为世界乡村建设理论提供关于经济可持续发展的新思路。这不仅有利于解决全球乡村面临的经济问题，也为实现可持续农村发展提供了范本。

2.推动中国特色乡村建设理论的发展

首先，深入研究内蒙古"宜居宜业和美乡村"理论的内涵，挖掘其中的深刻意义。通过对该理论的深层次解读，可以更好地理解其在中国特色乡村建设中的独到之处，有助于理论框架的进一步完善。

其次，系统总结内蒙古"宜居宜业和美乡村"实践的经验。将其实践过程进行系统梳理，明晰实践中的得失，有助于推动中国特色乡村建设理论在实践中更具操作性和指导性。

最后，通过对内蒙古"宜居宜业和美乡村"理论的国际传播与对接，可以为中国特色乡村建设理论在国际舞台上的推广提供实践路径。通过国际对话与合作，推动中国特色乡村建设理论更好地融入世界乡村建设发展理论的潮流，形成具有全球影响力的理论体系。

二、应用价值

（一）促进内蒙古乡村经济高质量发展

1. 优化升级和美乡村建设

首先，通过深入研究内蒙古"宜居宜业和美乡村"建设路径，对现有建设中的主要问题进行深刻的分析。这包括乡村经济发展的瓶颈、基础设施建设的短板、社会服务体系的不足等。在问题深层次的理解基础上，提出相应的建设性意见，包括优化产业结构、加强基础设施建设、完善社会服务网络等方面的战略性建议。

其次，通过对"宜居宜业和美乡村"建设的研究，提出城乡协调发展的战略规划。深入分析城乡差距，制定符合内蒙古实际情况的城乡协调发展战略。这包括城乡基本公共服务的均等化、城乡经济的协同发展等方面的规划和政策建议。

最后，通过研究"宜居宜业和美乡村"建设中的治理经验，提出提升乡村治理水平的建议。加强乡村自治、培育新型农村社会组织、推动乡村治理现代化等方面的措施。这有助于解决在乡村建设中可能遇到的治理问题，推动乡村建设向更高水平迈进。

2. 推动乡村振兴全面推进

首先，通过对"宜居宜业和美乡村"建设的深入研究，总结和提炼可复制、可推广的经验模式。分析不同地域和经济条件下的成功实践，为其他地区提供实践经验。这有助于推动乡村振兴战略的全面推进，通过借鉴成功经验，推动其他地区乡村建设的全面提升。

其次，深入研究内蒙古"宜居宜业和美乡村"在因地制宜方面的实践经验。根据不同地域的资源禀赋和发展需求，提出相应的因地制宜的实践路径。这有助于各地更加灵活地制定适合本地的乡村振兴策略，实现更好的经济效益。

最后，通过对"宜居宜业和美乡村"建设的研究，分享城乡经济协调发展的成功经验。探索城乡经济互补、优势互补的发展模式，为其他地区提供参考。这有助于推动我国城乡经济协调发展，缩小城乡差距，推动全国城乡一体化发展。

（二）为全国各地乡村建设提供借鉴经验

1. 内蒙古经验与内蒙古智慧的展示

首先，通过深入研究内蒙古"宜居宜业和美乡村"建设的成功经验，对其进行系统总结。详细分析在产业发展、基础设施建设、社会服务等方面取得的成就，凝练出可供其他地区借鉴的成功经验。这样的总结有助于为全国各地提供具体而实用的指导，使各地在乡村建设中能够更有效地运用内蒙古的经验。

其次，突出内蒙古在乡村建设中的独特智慧，包括在生态保护、资源利用、文化传承等方面的创新。展示内蒙古在应对独特地理、气候等条件下的智慧，使全国各地能够更好地理解并在相似情境中应用。这有助于推动我国各地在乡村建设中形成差异化的发展路径，更好地适应当地实际情况。

2. 激发乡村经济活力

首先，通过深度思考"宜居宜业和美乡村"建设的理论在实践中的优势，探讨其在激发乡村经济活力方面的科学性和实用性。分析该理论对产业发展、创业创新、农村经济可持续性等方面的影响，提出具体而切实可行的建议。这有助于为各地乡村经济的振兴提供更为系统和全面的理论支持。

其次，借鉴"宜居宜业和美乡村"建设的实践经验，为各地乡村建设提供差异化发展的实践经验。通过分享内蒙古在乡村产业、文化振兴等方面的成功实践，激发其他地区的创新活力，提升乡村的整体发展水平。这有助于推动全国乡村振兴战略的更为全面和深入实施。

（三）解决新时代"三农问题"

1. 提高农民收入和幸福感

首先，通过深入研究"宜居宜业和美乡村"建设模式，深刻了解其对农民生活的积极影响。分析该建设模式对农民产业发展、社会服务、文化生活等多个方面的促进作用。通过深入剖析这些影响，可以为制定更有针对性的政策提供具体数据与案例支持。

其次，通过系统总结"宜居宜业和美乡村"建设对农民收入提高的机制，提供科学依据。分析农民参与新型产业、农村旅游等方面的收益途径，深入挖掘经济效益的源泉。这有助于为农村经济发展提供更为系统和全面的理论支持。

再次，通过深入研究，为提高农民收入和幸福感制定有针对性的政策。基于对"宜居宜业和美乡村"成功经验的深入理解，制定能够具体解决农民实际问题的政策。从产业升级、农村金融支持、农村教育健康等多个方面入手，全面提升农民的收入水平和生活品质。

最后，通过提高农民收入和幸福感，实现更加可持续的农村经济绿色发展。通过提高农民的经济收入，激发他们对农村环境的保护和改善的意愿，推动农业生产向更加绿色、可持续方向发展。通过提升幸福感，形成农村社区的凝聚力，共同致力于打造更为宜居、宜业、和美的乡村。

2. 探索解决"三农问题"的策略和方法

首先，通过深入研究"宜居宜业和美乡村"建设的理论与实践，为解决新时代"三农问题"提供基础。分析"宜居宜业和美乡村"建设对农村社会经济的影响，挖掘其中的关键成功因素。这为深化对"三农问题"根本性解决路径的认识提供理论支持。

其次，通过深入研究"宜居宜业和美乡村"建设，提出全面的问题解决策略。从农村产业结构调整、农村金融服务、基础设施建设等多个方面入手，提出有针对性的政策建议。全面考虑"三农问题"多层次、多方面的特点，确保提出的策略具有可行性和全局性。

再次，通过研究"宜居宜业和美乡村"建设，强调社会经济全面发展与农村振兴的结合。深入探讨如何通过发展现代农业、提升农民收入、改善农村基础设施等手段，实现农村社会经济的全面发展。通过结合理论与实践，提供更为系统和切实可行的路径，确保"三农问题"解决策略的全面性。

最后，通过深入研究"宜居宜业和美乡村"建设，为满足人民日益增长的美好生活需要奠定基础。通过提升农民收入、改善农村生态环境、提供更多的社会服务等多方面入手，确保农村居民享有更高水平的生活品质。通过理论与实践的结合，推动我国农村社会经济的全面发展，实现"三农问题"的根本性解决。

第三章 宜居宜业和美乡村建设的科学内涵

第一节 宜居宜业和美乡村的最新成果

一、宜居宜业和美乡村建设的内涵

（一）宜居宜业和美乡村建设的总体要求

宜居宜业和美乡村建设的内涵涉及广泛，旨在推动中国式农业农村现代化，使乡村从传统走向现代。这一理念首次在党的二十大报告中提出，标志着对乡村建设理念和目标的新认知。宜居宜业和美乡村强调了明确的发展目标，重视基础设施建设、公共服务提升、产业体系建设、精神文明提升和治理体系创新。

1. 指导思想

"宜居宜业和美乡村"系党的二十大报告首次提出，是对中国式农业农村现代化愿景的最新概括，是在百年探索基础上对中国乡村现代化的认识升华。"宜居宜业和美乡村"要求为加快推进中国式农业农村现代化指明了前进方向，反映了农民对建设美好家园、过上幸福生活的期盼。

建设宜居宜业和美乡村的目标是多层次的、重点任务是全方位的。要立足中国国情，全面推进乡村振兴、加快实现农业农村现代化，推动我国乡村完成从传统走向现代的转型，实现我国乡村现代化从内到外、由表及里、塑形铸魂的飞跃。

在乡村振兴目标方面，之前的提法是"宜居宜业美丽乡村"。党的二十大新提法是"宜居宜业和美乡村"，将美丽变成"和美"，虽然仅是一字之差，但反映了对乡村建设的新认知，对乡村建设的理念和目标作出了新的调整。

"宜居宜业和美乡村"要求在本质上是对宜居宜业美丽乡村的发展与深化，展现了党在乡村现代化建设方面的理论创新和实践走向，标志着我国乡村建设新阶段的开始。

从内涵来讲，这个"新"至少体现在两个方面：一是乡村建设的发展目标指向更为明确。瞄准到2035年农村逐步基本具备现代生活条件这一目标，"宜居宜业和美乡村"要求更重视基础设施和基本公共服务的空间布局，强调乡村基础设施和基本公共服务供给能力，不断完善乡村水、电、路、气、网等基础设施，推动教育、医疗、养老等基本公共服务供给更加公平可及。"宜居宜业和美乡村"要求强调乡村的就业环境改善，积极推动城乡融合发展，激发县域经济活力，重视一二三产业融合，拓展农业的多种功能，创造更多农民就近就地就业的岗位和机会，积极促进农民就地就近就业。二是乡村建设的中国文化价值导向更为凸显。"宜居宜业和美乡村"目标更为突出乡村文化内核及精神风貌的提升，强调乡村建设由表及里、由形到神的内在有机统一，体现传统农耕文明与现代文明形态的结合，推动乡村精神文明建设与物质文明建设相协调，实现乡村建设从丰富物质到富足精神的重要转变。

2.宜居宜业和美乡村建设的原则。

在宜居宜业和美乡村建设的总体要求中，因地制宜、分类施策是原则之一。这意味着要根据不同地区的自然条件、文化传统和经济状况，制定相应的发展策略。农民主体的作用被强调，要求充分发挥农村基层党组织、群团组织、村集体经济组织等的领导作用，使农民成为建设宜居宜业和美乡村的积极参与者。

（1）因地制宜，分类施策

遵循乡村发展规律，保留乡村风貌，留住田园乡愁。坚持农业农村联动、生产生活生态融合，推进农村生活污水垃圾减量化、资源化、循环利用。坚持首善标准，注重与农村经济社会发展能力和水平相适应，与自然条件和风土人情相协调。坚持数量服从质量、进度服从实效，求好不求快，既尽力而为，又量力而行。

（2）农民主体，多方参与

坚持问需于民，充分体现乡村建设为民而建，尊重农民意愿，激发内生动力，保障村民知情权、参与权、表达权和监督权。落实属地责任，构建政府、市场主体、村集体、村民等多方共建共管格局。健全机制，注重长效。注重与美丽乡村建设相衔接，持续发力，久久为功。建管用并重，健全完善政策制度和工作推进机制，注重日常巡查，强化考核监测，落实落细管护责任。

3.宜居宜业和美乡村行动目标

建设宜居宜业和美乡村是国家在推进农业农村现代化进程中的重大事件，涉及农村生产、生活、生态等多个领域，涵盖物质文明与精神文明两个方面，既包括乡村建设过程中"物"的现代化，也包括乡村建设过程中"人"的现代化，还包括乡村建设过程中治理体系和治理能力的现代化。从中国式农业农村现代化演进的历史进程来看，建设宜居宜业和美乡村需要实现三重目标：

（1）让农民过上现代化生活

现代化最终是为了人，建设宜居宜业和美乡村，推进农业农村现代化就是为了让农民能够更好进行自我发展、过上现代化生活。这就意味着一方面要促进农民收入水平的普遍提升，满足农民日益增长的物质生活需要；另一方面，要丰富农民的精神世界，即要同时实现农民物质生活和精神生活的富裕富足。

（2）让农业走向现代化生产

推动传统农业生产走向现代化生产是农业现代化建设的必然趋势，也是农业强国的重要任务。推动更多现代化生产要素进入农业生产领域，提升农业生产技术水平和优化生产组织形式，促进传统农业向现代化农业转型是建设宜居宜业和美乡村的应有之义。这就要求要在农业科技创新领域下功夫，在农业经营方式上做文章，在农村产业融合上找出路。

（3）让农村具有现代化治理能力

建设宜居宜业和美乡村，推进农业农村现代化，需要现代化治理体系和治理能力的支撑。要让农村具备现代化治理能力，关键在于乡村治理体制机制和手段方法的创新。这一方面要求动员和利用农村各种传统治理资源，充分发挥乡村自治和德治的积极功能；另一方面，要运用现代化技术进行治理手段创新，践行现代法治文明精神，将乡村自治、德治和法治有机结合，构建乡村治理新体系。

（二）宜居宜业和美乡村建设的重点任务

建设宜居宜业和美乡村是一项长期任务、系统工程，必须稳扎稳打、久久为功，一年接着一年干、一件接着一件抓，不可一蹴而就、急于求成。

1. 加强农村基础设施建设

要健全城乡基础设施统一规划、统一建设、统一管护机制，推动市政公用设施向乡村延伸。重点要加强农村水利基础设施建设，保障农民生活用水安全，农业生产用水供给充足。要提高农村道路基础设施建设总里程和建设质量，保障农民出行方便和出行安全。要加大农村电力基础设施建设力度，确保农村电力设施充足供给和老旧设施及时改造。要加大农村通信基础设施建设投资力度，提高农村地区互联网普及率；要完善乡村邮政通信、广播电视、物流等基础设施。要建立政府主导社会参与的多元农村基础设施供给机制，在加大政府税收投资农村基础设施力度的基础上，引导和鼓励社会资本积极投资农村基础设施，形成多元化的农村基础设施供给格局。

2. 完善农村公共服务体系

要推进城乡基本公共服务标准统一、制度并轨。重点要健全农村社会保障体系，扩大农村社会保障范围，加强农民生存保障、健康保障、老残保障，建立农民工伤保险保障制度，要重视扩展农村服务保障，积极探索互助养老新模式。要进一步加大农村社会保障投入力度，财政支出适度向农村倾斜，提高农村社会保障的财政支出比例，缩小城乡社会保障投入差距，持续提高农村社会保障水平。要加强城乡社会保障管理机制建设，推动城乡社会保障部门之间、政策之间有效衔接，提高政策执行效率和政策权益获取的便捷性。要完善城乡社会保障监管机制，确保城乡社保基金安全。

3. 构建现代乡村产业体系

要牢牢握住粮食安全这根主线，全面落实藏粮于地、藏粮于技的战略安排，扎实推进农业强国建设，确保粮食和重要农产品供给水平。要以种养业为依托，探索乡村产业发展的新业态和新模式，积极引导乡村传统产业与新兴产业相互渗透、融合发展，共同促进农民致富增收。支持龙头企业做大做强，鼓励龙头企业在促进乡村产业转型升级方面发挥引领示范作用，充分发挥龙头企业在乡村产业强链、延链、补链中的辐射带动作用。为不同类型乡村企业和产业进行公平竞争和优势互补创造良好环境，鼓励乡村企业将产品质量提高、品牌铸造和品种培优融合起来发展。要在财政和金融支持乡村产业发展政策设计方面进行创新,鼓励地方财政、金融、保险和担保等部门协同发力,增强乡村企业创新的风险抵御能力。

4.加强乡村精神文明建设

要做好农民的政策宣讲工作,讲好党的路线方针和惠农政策,持续开展社会主义核心价值观教育,弘扬爱国主义精神,增强农民对中国特色社会主义道路、理论、制度和文化的认同。要加大农村公共文化设施建设,推进村级文化长廊、文化礼堂、农村大舞台、红色村史馆和农家书屋等建设,拓展农民的公共文化活动空间。要全面提高农民思想观念现代化水平,实施公民道德建设工程,改变不适应社会发展需求的生活方式和行为模式,引导农民培育和践行主流社会价值观。要健全和完善基层科学技术推广体系,加强农村科普队伍建设,实施科普人才建设工程,强化农民的科技知识素养。要有效发挥村规民约和家教家风功能,创造乡风文明、家风良好、民风淳朴的乡土社会。要加大乡村诚信体系建设,进行社会信用建设政策宣讲,增强农民的诚信意识、责任意识、规则意识和契约精神。要深入开展农村移风易俗行动,破除铺张浪费、大操大办、天价彩礼、厚葬薄养、封建迷信等陈规陋习。

5.加强乡村治理体系创新

要推进服务型基层党组织建设,下移工作重心,狠抓责任落实,巩固基层党组织在乡村治理中的领导核心地位,加快转变基层党组织的服务理念,强化基层党组织在资源整合与协调方面的作用,创新基层党组织引领乡村治理的新模式和新举措。完善“自治、法治、德治”相结合的乡村治理机制:积极探索村民有效自治模式,健全乡村自我管理、自我服务、自我监督的自治体系。推进乡村事务规范化、标准化和制度化治理进程,利用各种媒介进行法律知识普及和传播,让农民学法、用法、懂法,增强法治意识,学会用法律手段表达诉求和维护权益。强化农民对道德规范和乡土文化的认同,营造良好的德治氛围。重视数字技术在乡村治理中的应用,构建乡村信息交互、共享及沟通数字化平台,提升村民数字素养,进行农民数字技术知识普及和推广,激发农民参与乡村治理的积极性和主动性。

(三)农民主体在宜居宜业和美乡村建设中扮演重要角色

强化基层组织作用、普及文明健康理念、完善村规民约等都是通过农民主体参与实现的。政府应加大对农村建设的财政投入力度,创新完善相关支持政策,同时加强科技和人才支撑,以确保宜居宜业和美乡村建设取得实质性成果。

1.强化基层组织作用

充分发挥农村基层党组织领导作用和党员先锋模范作用,在农村人居环境整治中深入开展美好环境与幸福生活共同缔造活动。发挥共青团、妇联、少先队等群团组织作用,动员农民群众自觉改善农村人居环境。引导村集体经济组织、农民合作社、村民等全程参与农村人居环境相关规划、建设、运营和管理。实行农村人居环境整治提升相关项目公示制度。引导农民或农民合作组织依法成立各类农村环保组织或企业，参与农村人居环境改善和管护工作。以乡情乡愁为纽带，吸引个人、企业、社会组织支持改善农村人居环境。

2.普及文明健康理念

发挥爱国卫生运动群众动员优势，开展周末卫生大扫除活动，宣传倡导文明健康、绿色环保的生活方式，提高农民健康素养。将转变农民思想观念、推行文明健康生活方式作为农村精神文明建设的重要内容，将使用卫生厕所、做好垃圾分类、养成文明习惯等纳入学校、家庭、社会教育。持续推进城乡环境卫生综合整治，深入开展卫生创建，大力推进健康村镇建设。

3.完善村规民约

鼓励将宜居宜业和美乡村环境卫生等要求纳入村规民约，通过群众评议等方式褒扬乡村新风，引导农民自我管理、自我教育、自我服务、自我监督。深入开展美丽庭院评选、环境卫生红黑榜、积分兑换等活动，提高村民维护宜居宜业和美乡村环境卫生的主人翁意识。

（四）加大政策支持力度

1.强化财政投入保障

加大公共财政对农村人居环境整治的投入力度，完善以区为主、市级适当奖补的政府投入机制，统筹安排土地出让收入用于改善农村人居环境。对列入美丽乡村建设和管护的事项，按照美丽乡村建设引导资金政策予以支持。鼓励通过发行地方政府债券等方式筹措资金，用于符合条件的农村人居环境建设项目。各区结合实际，由乡镇按规定统筹整合改善农村人居环境相关资金和项目，统筹工程时序，按照先急后缓的原则推进建设。强化农村人居环境整治和美丽乡村建设工作的绩效管理，提高实施效果。加强资金监管，发挥审计作用，强化监督执纪问责，严禁套取、挪用、挤占、虚报冒领美丽乡村建设引导资金。

2.创新完善相关支持政策

在严守耕地和生态保护红线的前提下，优先保障农村人居环境设施建设用地。落实宜居宜业和美乡村建设项目简易审批有关要求。鼓励各类金融机构依法合规对改善农村人居环境提供信贷支持。将提升农村人居环境同壮大农村集体经济、促进农民增收结合起来，提高农民参与宜居宜业和美乡村建设和管护用工的比例。鼓励村级组织和乡村建设工匠等承接农村人居环境小型工程项目，具备条件的可采取以工代赈等方式。

3.加强科技和人才支撑

加大农村改厕、厕所粪污治理和资源化利用、生活垃圾治理等方面的集成示范、推广应用等力度。将改善农村人居环境纳入各级农民教育培训内容，加大对农民、乡村建设工匠等培训力度，提高农民群众参与农村人居环境建设管护的意识和能力。推进"百师进百村"活动，指导宜居宜业和美乡村建设发展。推进农村人居环境管理信息化建设。

二、美丽乡村建设的历史演进

近年来，美丽乡村建设已成为我国推进城乡一体化发展的重要任务。随着政策的推动和社会需求的变化，美丽乡村在不同时期呈现出阶段性特点。第一阶段是在党的十六届五中全会提出建设社会主义新农村目标之后，注重改善基本生活条件，如村容村貌整洁和基础设施完善。第二阶段是在党的十八大提出生态文明建设的总要求后，美丽乡村以生态环境保护与修复、促进人与自然和谐共生为核心。第三阶段是在党的十九大提出乡村振兴战略之后，美丽乡村的内涵得到进一步拓展。此时，美丽乡村不仅关注人居环境，还注重乡村产业发展、生态宜居、乡风文明和有效治理等。

然而，在美丽乡村建设的基层落实过程中，存在一些常见问题。首先，一些地方将美丽乡村建设简单地理解为环境治理和乡村美化，缺乏对乡村经济文化发展的综合考虑，导致乡村建设的内生动力不足。其次，对"乡村美"的本质理解不够深入，出现了破坏乡村传统风貌、过度追求城市化的现象。此外，2023年中央一号文件提到了"和美乡村"，给美丽乡村建设增添了新的表述。这使得人们对乡村之美的内涵发生了变化，需要更多探讨如何以"美"为动力，统筹推进乡村的生产、生活、生态可持续发展。

在全面推进乡村振兴的关键阶段，深入研究这些问题至关重要。我们应该重视美丽乡村建设的阶段性和系统性，避免片面理解，注重乡村经济文化发展，保护乡村传统风貌。同时，我们要加强对乡村之美内涵的理解，避免出现盲目城市化和千村一面等问题。通过深化对美丽乡村建设的理论和实践研究，我们可以更好地发挥美丽乡村在乡村振兴中的推动作用，促进城乡协调发展。

（一）"美丽乡村"相关概念辨析

1. 乡村美化：客体的强调与表面改变

政策演变中的微妙变化折射了理念的深刻变革。在乡村发展的历程中，"乡村美化"作为概念的初现，强调对乡村建设环境和景观风貌的表面改善。这一概念在新农村建设、小康示范村建设等阶段迅速崛起，被视为"乡村美化运动"。

（1）乡村美化的内涵及问题

"乡村美化"关注客体的可见改变，注重结果导向。然而，这种强调外在形式的优化容易导致面子工程、政绩工程的滋生。对乡村审美活动，重点集中在物质环境的艺术化和形式美上，却忽视了乡村中的非物质要素，如传统民俗、乡风文明等，而这些元素是农村群众幸福感的重要来源。

（2）问题根源分析

乡村美化容易被狭义地理解为"艺术化"，这在艺术乡建的影响下更为显著。艺术乡建虽将纯艺术、精英艺术引入乡村场域，但村民的参与度并不高。因此，乡村美化运动虽然在短期内改善了乡村面貌，但未能解决乡村长远发展的本质问题。

2. 美丽乡村：系统性地协调发展

（1）美丽乡村的起源

相对"乡村美化"，"美丽乡村"是一个系统性的概念，首次出现于2013年的政策文件中。它强调生态文明建设战略的一部分，重点关注对农业生态环境和农村人居环境的保护。

（2）美丽乡村的内涵

美丽乡村建设继承了生态文明思想的系统观，更深刻地考虑了乡村发展的多个要素。通过对"五位一体"总布局的体现，美丽乡村建设强调生产、生活、生态的协调发展。该概念更全面地挖掘了乡村的美学价值，并通过强调农民参与、乡村治理的体系建设，促使乡村美的实现不仅仅是表面的景观变化。

（3）美丽乡村与多元治理

政策文件中"乡村治理"的逐渐增多表明美丽乡村建设背后有对多元治理的统筹考虑。相较传统的"乡村管理"，"治理"更注重多元化、扁平化、体系化，强调各主体之间的合作与共赢。这反映出政策对乡村美的系统性思考，超越了以往的碎片思维。

3. 和美乡村：主体间性的强调与良性互动

（1）和美乡村的背景

2023年中央一号文件中提出的"和美乡村"概念是对乡村中各主体间良性互动关系的进一步强调。乡村已经不再仅仅属于农民，而是融合多种主体的空间，各主体在互动中共同参与乡村建设。

（2）主体间性的概念

"主体间性"是指超越主体与客体关系的理念，强调各主体之间的平等对话、和谐共生的动态关系。这与传统"管理"模式的单一性相比，更加强调去中心化、平等对话的关系模式。

（3）和美乡村与中国传统文化

"和美乡村"的"和"强调中国传统文化中对"主体间性"的智慧处理。儒家的"君子和而不同"主张人在保持独立性的同时与他人和谐共处。这体现了对多元关系的平等、和谐共生的理想状态。因此，"和美乡村"不仅注重乡村硬件建设，更强调乡村社会中各类关系的和谐稳定，对基层治理能力和精神文明建设提出了更高要求。

（二）基于"场域理论"的乡村美学建设路径

1. 将"审美资源"变为"审美资本"

产业兴旺是乡村振兴的基础，是解决农村一切问题的前提。乡村美学场域建构虽然嵌入村庄产业链条才能获得长远的、可持续的发展，而"嵌入"方式就是借由"美学经济"的基本原理将乡村"审美资源"转化为"审美资本"，最终实现价值的创造和增值，激励村民欣赏和建构乡村中的景观之美、生态之美、生活之美、文化之美。

（1）乡村产业审美化：从"审美资源"到"审美资本"

乡村振兴的核心是产业兴旺，而乡村美学的建设需要融入产业链才能实现可持续发展。本书将探讨如何通过"美学经济"将乡村丰富的"审美资源"转化为"审美资本"，从而激发村民对乡村美的关注，推动景观、生态、生活和文化等方面的价值创造与增值。

（2）美学经济与乡村审美资源

"美学经济"是将审美要素融入商品中，提高文化附加值或通过提供审美服务，使消费者获得审美愉悦并实现经济利润的经济形态。在新时代的消费升级中，美学价值在产品设计、品牌建设和产业链延伸中扮演着越来越重要的角色。

审美消费是"审美主义"和"消费主义"合流的结果，将审美融入消费活动成为一种紧密相连的趋势。在乡村中，这意味着"传统产业审美化，审美资源产业化"是一个可行的发展路径。

（3）农业审美化与乡村供给

农业是乡村产业的支柱，其审美化意味着强调农产品的品位和品质，满足消费者对美感的需求。通过农产品品牌的形象塑造，可以有效满足消费者的审美需求，提升产品附加值。

通过发展农业创新，如体验农业和创意农场，可以推动"农业＋"的发展，形成主导产业辐射关联产业的辐射式产业体系，从而提升整体农业产业链的效益。

（4）审美资源转化为审美资本

乡村蕴含丰富的审美资源，包括自然生态、建筑聚落、风土人情、手工技艺等。这些成为乡村审美活动的优质对象，可以通过价值化和产业化转化为资本。

通过发展文化创意和文化旅游等新兴产业，可以推动乡村中的"审美资源"向"价值化"和"产业化"方向发展。这将成为乡村经济的新增长点。

通过"美学经济"的理念，将乡村的审美资源转化为审美资本，不仅可以推动传统产业的审美化，提升产品附加值，还能在新兴产业领域开辟发展路径。这种转变能够激发村民对产品、设计和生活美学的关注，形成乡村美学场域的内生动力，为乡村振兴提供持续的经济动能。

2.由"审美治理"塑造"审美认同"

除了嵌入乡村经济发展链条，将审美融入基层治理系统也是调动村民积极性、孕育乡村美学场域的有效方式。"审美治理"的概念是对英国文化理论家托尼·本尼特"文化治理"概念的延伸。本尼特认为文化是一种治理工具，通过文化能够达到社会治理的目的。在此基础上，"审美治理就是以审美活动作为治理的工具或机制，使主体在治理过程中能够审视、管理、形塑自我的一种社会自由治理的新形式"。换言之，村民在基层"审美治理"场域中可以形塑向美而行的"惯习"。

（1）审美治理的概念与框架

首先，审美治理的理论基础。审美治理作为文化治理概念的延伸，源自托尼·本尼特的文化理论。本尼特认为文化是一种治理工具，可用于实现社会治理的目的。审美治理则将审美活动作为一种具体的治理工具，旨在通过塑造审美活动来引导社会自由治理的新型方式。审美治理认为，通过审美活动，可以调动主体的审视、管理和自我形塑的能动性，使社会治理更趋于自由、开放，成为促进社会发展的崭新途径。

其次，乡村审美治理的框架构建。乡村审美治理的框架构建是推动该理念付诸实践的核心。在乡村议事组织中，应构建共建共管共治的平台，建立"1+4"的基础结构：

①党员和乡贤引领

在审美治理中，应由党员和乡贤作为领导核心，引领审美事务的决策和实施。他们作为乡村领导力量，负责审美活动的组织、引导和推动。

②"1+4"村民议事平台

党员和村委会作为核心：作为领导核心，党员和村委会负责整体决策和战略规划，确保审美治理与乡村整体建设有机衔接。

经济、环境、文化、监督评价四类议事组织：面向不同方面的事务，设立相应的议事组织，以确保全面而专业的审美治理。

③再次共建共管共治的运作机制。

推动审美治理需要确立共建共管共治的运作机制，以实现村民的广泛参与和多元决策：

共建：村民通过主动参与，共同创建审美资源库，挖掘乡村内在的审美潜力。这一阶段的参与可通过举办艺术节、文化活动等形式实现，形成审美治理的共建基础。

共管：在审美资源库的基础上，建立起经济、环境、文化等多个议事组织。各组织由村民代表、党员、乡贤等共同组成，实现审美治理的共管阶段，使审美活动更具专业性和可操作性。

共治：在各议事组织的运作中，形成共治机制，通过评估效果和分享成果，实现审美治理的共治。此过程中，各主体的权益得到平衡，整体治理效果得以最大化。

（2）村民议事平台的构建

以党支部和村委会为决策机构和领导核心，形成具有组织权威的引领力量，如图3-1所示。

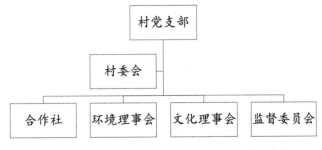

图3-1　嵌入乡村美学事务的"1+4"村民议事平台

通过 "1+4" 村民议事平台的建立，将每一位村民纳入乡村基层组织中，让村民根据自己的意愿充分参与涉及村庄发展的各项美学事务，配合 "以工代赈，以奖代补" "效果共评，成果共享" 等激励政策，能有效引导村民参与到乡村美学场域的建构中。乡村最大的困境是认同感缺失的困境。乡土认同感弱化是造成村民 "离农" 意愿的重要因素。通过引导村民深度参与乡村美学事务，发掘自己村庄在生态、聚落、文化等方面的美学资源，并在具体事务中对村庄特色、未来发展达成基本共识，能够塑造村民对村庄的 "审美认同"，进而重塑村民的 "乡村认同"。

（3）村民议事平台的运作

首先，农村专业合作社得盘活集体资源。在乡村审美治理中，首要任务是借助农村专业合作社，实现集体资源的盘活。该过程包括以下步骤。

形成合作共识：合作社成员通过充分沟通，形成共识，认可审美活动对乡村经济的潜在价值。

挖掘乡村资源：通过合作社渠道，挖掘乡村内在的审美资源，包括自然景观、手工技艺、乡土文化等。

共商发展机会：在专业合作社组织的共商平台上，农民、合作社成员等共同商讨乡村 "美学经济" 的发展机会和方向，确保审美活动与当地实际相结合。

其次，环境理事会和文化理事会的设立。为了推动审美活动的开展，需要设立环境理事会和文化理事会，分别组织以下村民参与环境建设和文化活动。

环境理事会：以村庄绿化、建筑风貌、公共设施等为核心，组织村民参与乡村环境建设。通过绿化小组、建筑风貌小组等方式，实现村民对环境美的共同建设。

文化理事会：通过成立文化理事会，挖掘村庄内蕴含的文化资源。设立各类兴趣小组，组织文艺、手工艺等活动，促进乡村文化的传承和发展。

再次，监督委员会的成立。为确保审美活动的质量和效果，成立监督委员会，由党员代表、村民代表等监督建设项目的进行。

全面监管建设项目：监督委员会通过定期会议、实地考察等方式，对村庄建设项目进行全面监管，确保项目按照审美要求进行。

问题反馈机制：在监督过程中，建立问题反馈机制，让党员和村民代表能够及时发现并解决审美建设中的问题，提升审美活动的实际效果。

最后，审美认同的塑造。在 "审美治理" 中，审美认同是一个长期积淀的过程，通过村民参与决策、建设、管理等环节，形塑村民对美的认同。

参与决策：村民通过村民议事平台参与审美决策，对美的认同开始在决策过程中形成。

共同建设：通过共建过程，村民逐渐理解和认同审美活动对村庄的重要性，形成共同的审美价值观。

社会自我认知：通过审美治理，村民不仅在审美活动中获得审美体验，还会在共同决策和建设过程中形成新的社会自我认知，认同美学对社区发展的推动作用。

通过在乡村议事组织中引入"审美治理"，建立村民议事平台，构建党员、乡贤、村民多方参与的治理体系，实现"审美认同"的塑造。这一机制不仅促进了村庄的审美建设，更激发了村民对美的关注和参与，为乡村美学场域的形成奠定了基础。审美治理在实践中应不断总结经验，完善框架，以推动乡村美学的长期可持续发展。

二、宜居宜业和美乡村建设的成效

经过多年的努力，美丽乡村建设成效显著。目前全国已建设5万多个美丽宜居乡村，全面建成小康社会的底色更加沉稳。随着全面建设社会主义现代化国家征程的全面开启，举国上下着力实现第二个百年奋斗目标，其中召开的党的二十大会议，提出的建设宜居宜业和美乡村的发展规划就是在以往美丽乡村建设的基础上，面向新发展阶段作出的新部署，是政策继承、实践延续和理论创新的最新成果。

（一）基础设施建设的提质增效

1. 因地制宜的分类施策

首先，在美丽乡村建设中，政府采取因地制宜的分类施策是十分重要的。由于不同地区有着不同的自然条件、经济发展水平和人口结构等特点，单一的标准化方案往往难以适应各个地区的需求。因此，政府在制订乡村基础设施建设计划时，必须根据各地实际情况和需求进行分类施策。

其次，分类施策需要兼顾生产、生活和生态的融合。乡村基础设施建设不仅仅涉及生产领域，还要考虑居民的生活需求以及保护自然生态环境的需求。在制定分类施策时，应该从多个维度综合考虑，确保基础设施建设不仅能够促进农业生产和农村产业发展，同时要满足农民居民的生活需求，并尽量减少对自然环境的负面影响。

最后，分类施策应注重基础设施建设的适用性和可持续性。针对不同地区的需求，政府应制订符合实际情况的基础设施建设方案，确保其适用性和有效性。此外，为了保障基础设施的持续运营和维护，政府还应注重可持续性的考虑，包括合理地投资规划、科学地工程设计和有效的维护机制等方面。

2. 乡村生态环境的提升

首先，乡村生态环境的提升是美丽乡村建设的重要目标之一。在过去的发展过程中，乡村环境污染、生活垃圾和废弃物处理不当等问题一直困扰着农村地区的可持续发展。然而，通过美丽乡村建设，针对这些环境问题，政府采取了一系列措施来改善和提升乡村的生态环境。

其次，政府在乡村基础设施建设中注重生态环保。在规划和设计乡村基础设施时，政府加强了对生态环境的考虑，合理布局农村产业和居民区，减少对土地资源和自然生态的破坏。例如，科学规划耕地、湿地和水源保护区，设置生态农田和生态示范村，推广节能环保技术和设施，改善农村环境质量。

再次，政府在基础设施建设中推动资源的减量化和循环利用。通过采用节能环保的新技术和工艺，促进乡村能源消耗的降低，减少对自然资源的开采和消耗。同时，重视废弃物的处理与利用，建立农村的可持续资源循环系统，使农业废弃物能够得到高效再利用，进一步提高了资源利用效率。

最后，乡村生态环境的提升为乡村的可持续发展奠定了坚实基础。通过改善农村生态环境，可以提高农村居民的居住舒适度和健康水平，促进乡村产业的绿色发展和农产品的质量提升。此外，良好的生态环境也能吸引外部投资和人才流动，促进城乡经济的互动和协调发展。

3. 保留乡村风貌的重要性

首先，保留乡村风貌对美丽乡村建设具有重要意义。乡村风貌是乡村地区的独特文化和历史遗产，代表了当地人民的生活方式、传统文化和社会习俗。在基础设施建设中注重保留乡村风貌可以保护乡村的文化传承，使乡村地区不仅在外观上保持独特性，更重要的是保留了传统建筑、生活方式和工艺技术等乡村文化的延续。这对增强乡村的地域特色、提升乡村居民的文化认同感和满足游客对乡村体验的需求都具有积极意义。

其次，保留乡村风貌有助于增强乡村的吸引力。乡村地区的独特景观和富有特色的建筑物是吸引游客与投资者的重要因素之一。保留乡村风貌不仅能够吸引游客前来游览，还能够成为发展乡村旅游等相关产业的重要资源和亮点。保留乡村风貌可以创造良好的旅游环境和社区氛围，带动乡村地区的经济发展和就业机会，提升居民的生活质量。

再次，保留乡村风貌能够实现可持续发展。在基础设施建设中注重保留乡村风貌可以避免过度开发造成的生态破坏和资源浪费。保留乡村风貌有助于保持自然生态的平衡，并充分利用现有的资源，实现资源的合理利用和循环利用。同时，保留乡村风貌能够保护乡村的生态系统和环境质量，促进生态环境的恢复和保护。

最后，政府在基础设施建设中注重保留乡村风貌需要综合考虑各方面的利益和需求。保留乡村风貌需要政府、居民和游客等多方共同努力，达成共识，并制定相应的保护措施和政策。政府应加强规划和管理，推动保护乡村风貌与经济发展的良性互动，提供相应的经济和政策支持。另外，政府还应鼓励居民积极参与乡村风貌保护的行动，增强他们的环保意识和责任感。

（二）农民主体的多方参与

1. 政府问需于民

（1）深度调查与研究

在宜居宜业和美乡村建设的初期阶段，政府通过深度调查与研究，全面了解不同乡村的自然环境、人文历史、产业结构等方面的状况。这有助于科学把握各地的特色和差异，为制定有针对性的建设方案提供充足的信息支持。

（2）民意收集与需求反馈

政府采用多种形式收集民意，包括问卷调查、座谈会、互动平台等，以确保全面了解农民对宜居宜业和美乡村建设的期望和需求。这种直接的沟通渠道有助于建立政府与农民之间的紧密联系，使建设项目更贴近农民的实际需求。

（3）需求分析与项目优先级

政府通过对农民提出的各类需求进行系统分析，明确不同需求之间的关联性和优先级。这种需求分析有助于合理确定建设项目的优先顺序，确保资源的有效利用，同时提高项目的实施效果。

2.多方共建共管的新模式

（1）政府引导与协同合作

政府在宜居宜业和美乡村建设中扮演引导和协调的角色，通过搭建平台、提供政策支持等方式，引导各方积极参与。政府与市场主体、村集体、村民之间形成了紧密的协同关系，共同推动乡村建设。

（2）多元主体的参与

在新模式中，市场主体、村集体、村民等多元主体通过合作、共建的方式参与乡村建设。政府为各方提供了平等的参与机会，使得乡村建设不再是单一主体的事务，而是形成了多方共同参与、共同管理的新格局。

（3）基层治理的新范式

新模式将基层治理带入一个新的范式，实现了治理主体的多元化。政府不再是唯一的管理者，而是与其他主体形成了良性互动，共同参与决策、管理、监督等方面的工作，推动了基层治理的现代化。

3.激发农民内生动力

（1）参与式决策与自治意识

通过多方参与的模式，农民逐渐成为乡村建设的积极主体，参与决策的过程中培养了自治意识。政府鼓励村民通过村民代表大会等形式参与决策，增强了农民对乡村建设的自主性。

（2）自我管理与自我监督

在多方共建共管的新模式下，农民参与到乡村建设的管理和监督中，形成了自我管理和自我监督的机制。村级组织与村民形成良性互动，共同维护乡村建设的稳定和可持续发展。

（3）经济效益与社会认同

通过参与宜居宜业和美乡村建设，农民获得了实实在在的经济效益，同时在建设过程中形成了一致的社会认同。这种内生动力的激发不仅改善了农民的生活状况，也促进了乡村社会的稳定和谐。

在宜居宜业和美乡村建设中，政府问需于民、多方共建共管的新模式以及激发农民内生动力的策略为乡村的可持续发展奠定了基础。这些举措不仅使农民成为建设的积极参与者，也实现了农村治理的创新与现代化。未来，政府应继续深化这些模式，不断提高基层治理水平，促使乡村建设更好地适应时代发展的需要。

（二）中国文化价值导向的凸显

1. 乡村文化内核的提升

（1）文化传承与弘扬

在美丽宜居乡村建设中，政府通过加强对优秀传统文化的传承与弘扬，着力提升乡村文化内核。通过举办文艺活动、建设文化设施等手段，激发农民对传统文化的认同感，使其成为乡村建设的重要组成部分。

（2）文化资源挖掘与整合

政府注重挖掘乡村内潜藏的文化资源，包括传统节庆、民间故事、手工艺等。通过整合这些资源，为乡村注入独特的文化氛围，提升乡村形象，吸引游客和投资，促进乡村可持续发展。

（3）文化活动与居民参与

政府鼓励开展各类文化活动，如传统文艺演出、非物质文化遗产展示等，通过这些活动提高居民对本地文化的认同感。居民的参与不仅仅是观众，还是文化传承的参与者，形成了乡村文化内核的共同建构。

2. 文化与现代文明的有机统一

（1）传统文化与现代建筑融合

为实现乡村建设的有机统一，政府倡导传统文化与现代建筑风格的融合。在新建筑设计中，融入传统文化元素，如传统建筑风格、民间工艺等，既满足现代生活需求，又保留了乡村独有的文化特色。

（2）文化与科技的创新结合

政府通过引入科技手段，如数字化展览、虚拟现实技术等，将传统文化与现代科技有机结合。这种创新不仅使乡村建设更具时代感，同时吸引了年轻人的关注，推动了文化传承的融通发展。

（3）文化产业与经济发展的融合

鼓励文化产业的发展是有机统一的重要方面。政府支持文创企业在乡村兴办文化创意产业，通过推动文化与经济的融合，提高了乡村的经济活力，实现了传统文化的生动传承。

3. 丰富乡村建设的内涵

（1）文化活动多样性

政府在美丽宜居乡村建设中推动文化活动的多样性，包括传统节庆、文艺展览、艺术节等。通过提供多元的文化活动选择，使乡村生活更加丰富多彩，增加了居民的文化满足感。

（2）文化教育与知识传播

政府着力加强文化教育，通过建设图书馆、文化课堂等设施，传授传统文化知识，提高居民的文化素养。这种知识传播不仅拓宽了居民的视野，也为乡村建设的可持续性奠定了智力基础。

（3）文创产业的培育

政府鼓励培育文创产业，推动乡村建设的文化创意产业发展。通过支持艺术家、手工艺人、设计师等参与文创产业，实现了文化与产业的良性循环，为乡村注入了新的经济动力。

第二节 "宜居宜业和美乡村"目标的发展趋势

当前，我国农村社会处于深刻变化和调整时期。在城乡一体化的背景下，城乡融合发展稳步推进，社会分工更加趋向高效率，部分农村出现一定的衰落现象，人口老龄化趋势明显，"空心化"现象在一定程度在乡村客观存在。"宜居宜业和美乡村"目标的提出，就是顺应客观规律，考虑不同类型、不同经济水平、不同发展阶段、不同发展需求、不同发展趋势的乡村发展规律，因地制宜、因村制宜重点补足基础设施和公共服务不足的短板，突破产业发展不平衡的瓶颈，强化乡风文明建设，营造农民身份认同感的氛围，促进邻里乡亲和睦相处。

一、城乡一体化的背景与发展趋势

（一）城乡一体化的战略定位

随着城市化进程的不断推进，城乡之间的差距逐渐凸显，城乡一体化成为中国农村发展的战略定位。城乡一体化的核心思想在于实现城乡资源的有机衔接，促进全国城乡居民共享现代化成果。

1.城乡一体化的关键目标

城乡一体化是中国农村发展的战略方向，其核心目标是实现城乡资源的有机衔接，推动全国城乡居民共享现代化成果，旨在消除城乡二元结构。

（1）消除城乡二元结构

城乡一体化的首要目标是消除城乡二元结构，即城乡之间在资源、发展机会、公共服务等方面存在的差异。通过深化城乡融合，实现资源、人口、产业等要素的有机衔接，为农民提供更多获得感。

（2）全面建成小康社会建设

城乡一体化与全面小康社会建设密切关联。通过城乡一体化，可以更加均衡地推进全国各地区的现代化建设，使农村地区在全面小康的进程中同步发展。

2.政策导向

（1）土地制度改革

为推动城乡一体化，政府应加大土地制度改革力度。通过建立更加灵活的土地流转机制，促使农村土地资源更加高效的配置，推动农村产业结构升级。

（2）户籍制度改革

户籍制度的改革是城乡一体化的关键一环。政府应破除户籍歧视，为农民提供更多的公共服务和社会福利，吸引更多农民参与城市化进程。

通过上述政策导向，政府可以更好地引导城乡一体化的发展，解决城乡发展不平衡问题，推动城乡居民共同参与现代化建设。

（二）宜居宜业和美乡村的战略定位

宜居宜业和美乡村的战略定位是在城乡一体化的大背景下提出的。随着城市化进程，农村不仅需要适应现代化发展，也要在发展中实现"宜居宜业和美"目标中全面提升。

1. 核心理念

（1）综合发展理念

宜居宜业和美乡村的核心理念在于强调农村发展的综合性。不仅关注经济增长，也注重农村居民的生活质量和文化精神的提升。这一理念体现了对农村的全面发展，旨在通过提高居民生活水平、丰富文化生活等方面，实现宜居宜业和美的全面目标。

（2）生活质量和文化提升

"宜居宜业和美乡村"目标的战略定位强调不仅要提高农村居民的物质生活水平，还要关注其精神文化需求。通过提供良好的生活环境、丰富的文化活动，使农民在城乡一体化中获得更多的归属感和满足感。

2. 面临的挑战

（1）资源配置不均衡

在城乡一体化过程中，资源配置存在不均衡的问题。"宜居宜业和美乡村"目标需要应对农村资源的不足或不合理配置，通过优化资源利用，提高农村生产力，确保资源合理流动。

（2）产业结构不合理

农村的产业结构常常存在单一化和传统化的问题。战略定位需要解决这一挑战，通过引导农村发展新型产业，推动现代农业发展，实现农村产业结构的升级和多元化。

（3）文化传承问题

随着城市化的推进，传统文化面临丧失和淡化的威胁。宜居宜业和美乡村战略需要应对文化传承的问题，通过保护和弘扬乡村传统文化，使之在现代化发展中得以传承和发展。

（三）有针对性的政策和规划

1. 基础设施建设

（1）交通网络的完善

为适应城乡一体化，政府需加大力度改善农村交通状况。通过修建道路、改善交通网络，提高乡村与城市的联通性，促进农产品流通和农民的交往，缩小城乡差距。

（2）水电供应保障

政府应加强农村水电供应系统建设，确保乡村居民能够方便获得清洁水源和稳定的电力供应。这不仅提高了宜居度，也为农村产业的发展提供了可靠的基础。

（3）信息网络普及

为促进宜业和美乡村的发展，政府可投资推动农村信息网络建设。提供全面的互联网覆盖，加强数字化基础设施建设，使农村居民能够更好地融入现代社会，享受信息化带来的便利。

2.产业结构调整

（1）新型产业扶持

政府可通过财政支持、税收优惠等政策，鼓励乡村发展新型产业。乡村旅游、农产品加工等新兴产业的发展将为农民提供更多的就业机会，提高收入水平。

（2）农业科技推广

为提高农村产业的现代化水平，政府可推动农业科技的广泛应用。为农民提供现代化的农业技术培训，引导他们采用先进的农业生产方式，提高农产品质量和产值。

3.文化传承与创新

（1）乡村文化活动支持

政府可设立专项资金支持乡村文化活动的开展，包括传统节庆、文艺演出等。通过这些活动，加强对传统文化的传承，培养农村居民的文化兴趣，提升乡村文明水平。

（2）文化设施建设

政府可加大投入力度，建设乡村文化设施，如文化广场、博物馆、图书馆等。为农民提供学习和娱乐场所，激发其文化创造力，推动乡村文明的创新。

（3）教育培训机会

政府应加强对农村居民的教育培训，提高文化素养水平。通过开展文化课程、技能培训等形式，培养乡村居民的创新能力，使其更好地适应现代化发展。

二、农村社会变革与宜居宜业和美乡村的适应性

（一）人口老龄化的挑战

1.制定老年人口服务政策

为适应人口老龄化，政府应制定并实施老年人口服务政策，包括提供医疗、养老、文化等多方面的服务。建设老年人友好型社区，满足老年人多样化的需求。

2.发展智慧医疗和远程医疗

引入智慧医疗和远程医疗技术，使老年人能够更便捷地获取医疗服务。通过数字化健康管理，政府可以实现对老年人群的全面关怀，提高他们的生活质量。

3.创建老年人社交平台

政府鼓励和支持建立老年人社交平台，为他们提供交流和互动的场所。可以组织各种

文化、体育、娱乐活动，促进老年人之间的社交，减轻他们的孤独感。

（二）年轻人回乡创业的机遇

1.制定创业扶持政策

政府应制定创业扶持政策，鼓励年轻人回乡创业。提供贷款、税收减免、培训等支持，降低创业门槛，激发年轻人的创业热情。

2.发展新型农村产业

政府可通过引导和扶持新型农村产业的发展，为回乡创业提供更多选择。支持农产品加工业、农村电商等新兴产业的兴起，为年轻人提供更多的创业机遇。

3.提供创业培训和咨询服务

政府可以组织创业培训和提供咨询服务，帮助年轻人更好地理解乡村市场、规遍发展方向，提高创业的成功率。

（三）文化活动和社交场所的创设

1.支持文化活动举办

政府可提供资金和场地支持，鼓励农村社区组织各类文化活动，如艺术展览、戏剧演出、传统节庆等，丰富乡村居民的文化生活。

2.建设社区文化中心

政府可投资建设社区文化中心，作为文化活动和社交的场所。这不仅提供了文化娱乐场地，也成为社区居民交流互动的平台，增强社区凝聚力。

3.创造青年交流机会

政府鼓励组织各类青年交流活动，促进年轻人之间的沟通与合作。青年群体的互动有助于形成更加活跃的社区氛围，推动共建共享的理念。

三、产业发展与乡村文明建设的协同推进

（一）优化产业结构，提高居民收入

1.制订产业发展规划

（1）前期调研与资源分析

在制订产业发展规划之前，政府应进行前期调研，了解乡村资源分布、产业基础和市场需求。通过科学的数据分析，找出产业升级和发展的优势方向。

（2）明确宜居宜业和美乡村定位

政府在规划中要明确宜居宜业和美乡村的定位，强调与传统农业发展不同的新特色。例如，注重生态农业、乡村旅游、文创产业等，以创造更多的经济和文化附加值。

（3）制定产业发展时间表和阶段目标

政府应该为产业发展设定明确的时间表和阶段目标。这有助于推动产业升级的有序进行，确保不同产业在不同时间节点取得阶段性的成果。

2.提供金融支持

（1）设立宜居宜业和美乡村产业发展专项资金

政府可以设立专项资金，专门用于支持宜居宜业和美乡村的产业发展。这包括对新型产业的启动资金、技术创新基金等，以鼓励农民积极参与。

（2）制定灵活的贷款政策

政府要制定灵活的贷款政策，降低贷款利率，延长还款期限，提高农民融资的可行性。同时，对符合宜居宜业和美乡村方向的产业，可以提供更多的贷款额度和更宽松的还款条件。

（3）建立金融服务体系

为了方便农民获得金融支持，政府可以建立更加便捷的金融服务体系，包括设立宜居宜业和美乡村产业发展服务窗口，提供金融咨询、贷款申请等服务。

3.实施培训计划

（1）针对不同群体的培训计划

政府应根据农民的不同背景和需求，制订针对性地培训计划。包括技术培训、管理培训，以及市场营销等方面的知识培训，提升农民全面素质。

（2）与高校、科研机构合作

政府可以与高校和科研机构合作，引入专业的培训资源。通过与专业人才合作，提供系统性、前沿性的培训课程，使农民更好地适应新型产业的发展。

（3）建立培训评估机制

为了确保培训效果，政府应建立培训评估机制。通过定期评估培训的实际效果，及时调整培训方案，确保培训计划能够真正提升农民的创业和经营水平。

（二）农村文明建设与传统文化弘扬

1.支持文化活动

（1）多元化的文化活动形式

政府鼓励农村举办多样性的文化活动，包括但不限于传统节庆、戏曲表演、艺术展览、手工艺品制作等。通过组织这些活动，使农民亲身参与，感受传统文化的魅力，形成浓厚的文化氛围。

（2）提供场地和资金支持

为了促进文化活动的开展，政府可提供活动场地，如文化广场、公共礼堂等，并拨款支持相关文化活动的组织和实施。这有助于打破资金和场地的瓶颈，让更多农民受益。

（3）引导民间文艺团体参与

政府可以通过设立专项资金，支持农村的文艺团体和爱好者，开展具有地方特色的文化表演。这有助于发掘和培养农村文艺人才，推动传统文化的传承。

2.建设文化场馆

（1）文化展览馆

政府可投资兴建农村文化展览馆，用于展示当地的历史文化、传统工艺和非物质文化遗产。这不仅能够吸引游客，还能激发农民对自身文化的自豪感。

（2）图书馆和阅览室

建设农村图书馆和阅览室，提供丰富的图书和文献资源，为农民提供学习和娱乐的场所。政府可购置书籍、提供网络资源，助力农村居民拓宽知识面。

（3）文化场馆管理培训

为了更好地运营文化场馆，政府可开展文化场馆管理人员的培训计划，提高其文化服务水平。培训内容包括展览策划、文物保护、参观引导等方面，确保文化场馆发挥最大效益。

3.制定文化传承政策

（1）传统手艺保护与传承

政府可制定政策鼓励农村传承传统手艺，保护和挖掘有悠久历史的手工艺品制作技艺。通过设立专项基金和组织相关培训，确保这些技艺代代相传。

（2）民俗保护与研究

制定政策支持农村保护和研究民俗文化，包括传统节庆、民间习俗等。政府可以通过开展田野调查、成立专业团队等方式，系统整理和保护农村的民俗文化。

（3）加强非物质文化遗产保护

政府要加强非物质文化遗产的保护工作，建立档案资料库，记录和保存口传非物质文化遗产，同时支持相关研究，推动其在现代社会的传承和创新。

（三）推动乡村精神文明的提升

1.促进乡村教育发展

（1）学校设施改善

政府应制定政策，加大对乡村学校的资金支持力度，改善学校基础设施，包括教室、图书馆、实验室等，提升学习环境，为乡村孩子提供更好的教育资源。

（2）文明教育

通过开展文明教育课程，教育乡村青少年注重家国情怀、培养良好品德。政府可与学校合作，编写相关教材，加入文明素养内容的培养，引导学生形成积极向上的人生观。

（3）教育体制改革

政府可通过教育体制改革，优化资源配置，提升农村教育水平。引入更多优秀师资，实施多元化的教育课程，满足不同学生的需求，提高整体教育质量。

2.组织文明活动

（1）德育讲座

政府可组织专业人士和社会各界人士，开展德育讲座，传递正能量和正确的人生观念。通过互动交流，激发乡村居民的思考，促进道德水平的提升。

（2）志愿服务

政府鼓励乡村居民积极参与志愿服务，支持建立志愿服务组织。通过志愿服务，培养居民的社会责任感和公德心，推动社区共建，形成和谐社会。

（3）社会文明活动

组织各类社会文明活动，如清明祭扫、文明旅游等。政府可以设立文明活动奖励机制，激励农民参与，弘扬传统文化，倡导文明行为。

3.强化文明新风建设

（1）宣传推广

政府通过媒体、广告等方式，加大对文明新风的宣传推广力度。借助互联网平台，传播正能量的信息，引导乡村居民树立正确的价值观念。

（2）政策扶持

制定相关政策，对提倡文明新风的乡村予以奖励和扶持。通过物质奖励和名誉奖励，树立榜样，带动更多乡村居民积极参与文明新风的建设。

（3）社区共建

政府鼓励农村居民组建社区组织，共同参与文明新风建设。通过社区自治，居民更有参与感，推动文明新风建设深入人心。

第三节　宜居宜业和美乡村的建设单元

建设宜居宜业和美乡村在内涵上包括"宜居"的因素、"宜业"的因素、"和美"的因素，必须对乡村建设行动、富民乡村产业构建并发展、农村精神文明开发进行统一规划，确保宜居乡村具备基础性服务与功能，同时能够延续传统的乡村特色与乡土韵味，打造出特色鲜明、和谐共生的乡村文化发展格局。因此，宜居宜业和美乡村是一个整体的建设单元，相关建设内容应该是整体谋划、全面推进，既要在以往建设基础上升级换代、再创新高，又要适应各方需求补齐短板、强化弱项，不应互相割裂、有所偏颇。建设宜居宜业和美乡村需要把握好各部分之间的对接关系，促进各个部分统筹协调、相互支撑，形成系统化的提升，使农村真正地实现物质文明和精神文明相得益彰。

一、宜居乡村建设

（一）宜居因素的统筹规划

1.基础性服务与功能提升

（1）道路交通的整体规划

首要任务：在宜居乡村建设中，确保道路交通的畅通是基础性服务的重要组成部分。政府应通过全面规划，确定乡村的交通网络，修复和新建道路，使之连接主要生活区、农田和生产区，提升村庄内部和外部的交通便利度。

分类施策：针对不同地区的实际情况，可以采取因地制宜的分类施策。在平原地区，可加强交通干线的建设，提升道路通行能力；在山区，要注意设计符合山地地貌的盘山公路，提高道路的抗灾能力。

全面提升：通过全面提升道路硬件设施，如路面质量、交通标志、照明等，同时推进数字化交通管理，提高乡村道路的安全性和智能性。

（2）水电供应的可持续发展

生活便利度：为提高乡村的宜居性，政府应统筹规划水电供应。确保居民用水安全、便捷，并加强电力设施建设，提供可靠的电力支持，满足农村生活和生产的需求。

生态友好：在水电建设中，要注重生态友好原则，保护水源地、水体和周边生态环境。在电力供应方面，鼓励清洁能源的使用，推动可再生能源在农村的应用，实现可持续发展。

智能化管理：引入智能化管理手段，如远程监控水质、电力消耗等，提高水电设施的管理效率，确保乡村水电系统的可靠性和稳定性。

2.生态环境的保护和改善

（1）生态修复与保护

植树造林：生态环境的保护和改善是宜居乡村建设的核心。政府应通过植树造林等生态工程，增加绿化面积，提高植被覆盖率，改善土壤质量，防止水土流失，构建健康地自然生态系统。

水土保持：针对不同地形，采取相应的水土保持措施，包括梯田、防护林等，确保生态环境的稳定性。政府要引导居民共同参与，形成全社会的生态环保共识。

生态保护区划定：划定生态保护区，对特殊的自然景观和生态系统进行保护，限制不合理的开发行为，保护乡村的独特自然风光。

（2）健康乡村建设

农村医疗卫生：保障农村医疗卫生服务的全面覆盖。政府要通过合理配置卫生资源，建设医疗卫生设施，提高基层医疗服务水平，确保居民享有基本的医疗保障。

健康宣教：加强健康宣教工作，增强居民的健康意识和卫生习惯。通过定期开展健康讲座、义诊等活动，普及科学的健康知识，降低疾病发生率。

环境卫生管理：强化环境卫生管理，建立健全垃圾分类处理制度，加强农村环境卫生整治，提高乡村整体卫生水平。

3.社区建设与文化氛围营造

（1）社区自治与共建共享

社区规划：通过社区自治，鼓励居民参与社区规划，确定社区的发展方向，共同决策公共事务。政府要提供规划指导，确保规划的科学性和可行性。

共建共享：建设共建共享的社区设施，如文化活动中心、体育场馆、公园等，提供多元化的社区服务。政府要制定政策，鼓励社区组织开展各类文体活动，促进邻里关系的融洽。

社区治理：建立健全社区治理机制，形成由政府、社区居民和社会组织共同参与的治理格局。政府要为社区提供必要的资源和支持，提升社区治理水平。

（2）文化氛围的培育

公共文化设施：增设公共文化设施，包括图书馆、文化广场、文艺演出场所等，为居民提供文化活动场所。政府可以通过文化补贴和奖励政策，促进社区文化设施的建设和提升。

文化活动策划：通过定期组织文化活动，如文艺演出、传统节庆等，丰富乡村居民的文化生活。政府可以设立专项资金支持有特色的文化活动，推动乡村文化的繁荣发展。

文化传承与创新：强调乡村文化内核的提升，注重传承和弘扬优秀传统文化。同时，鼓励乡村进行文化创新，吸引年轻人参与，使传统文化与现代文明有机统一。

（二）宜业乡村产业构建

1.农业生产与现代科技融合

（1）智能农业技术应用

宜业乡村的产业构建需要将农业生产与现代科技充分融合。政府可以推动智能农业技术的应用，如物联网、人工智能、大数据等，提高农业生产效益。通过引入现代农业装备和无人机等技术，提升农业生产水平，降低生产成本，实现农业可持续发展。

（2）推广绿色种植技术

宜业乡村产业的构建要注重绿色发展，政府可引导农民采用有机农业、绿色种植技术，减少农药、化肥的使用，提高产品品质。通过绿色农业的推广，增加农产品的市场竞争力，促进农民增收。

（3）农业科技培训

为了实现农业生产与现代科技的深度融合，政府可以组织农民进行农业科技培训，提高他们对现代农业技术的了解和应用水平。建立农业技术推广服务体系，促进科技与农业的深度融合，推动宜业乡村产业的升级。

2.新型农村经济模式的培育

（1）农村电商发展

宜业乡村建设需要培育新型农村经济模式，其中农村电商是关键领域之一。政府可以提供支持政策，推动农产品线上销售，拓宽销售渠道，使农民更好地参与市场竞争。

（2）乡村旅游业发展

通过发展乡村旅游业，政府可以带动当地服务业和特色产业的发展。投资建设风景名胜、乡村度假区等，吸引游客，推动农业与服务业的融合发展，实现产业多元化。

（3）农产品品牌打造

宜业乡村产业的培育需要注重农产品品牌建设。政府可以提供品牌推广的支持，帮助农产品树立良好的品牌形象，提高产品附加值，增加农民收入。

3.农村金融与创业支持

（1）农村金融体系建设

为了支持宜业乡村建设，政府可以建立健全的农村金融体系，提供贷款、信用担保等金融服务。通过引入金融机构，解决农民融资难题，促进产业发展。

（2）农村创业孵化平台

为了鼓励农村创业，政府可以建设农村创业孵化平台，提供创业培训、政策咨询等服务。鼓励农村青年创业，推动产业结构的升级。

（3）多元化农村经济

宜业乡村产业构建的目标之一是实现农村经济的多元化。政府可以通过扶持农村小微企业、合作社等多种形式，促进农民就业创业，形成多元化的农村产业格局。

（三）和美乡村文化发展

1.乡村文化传承与创新

（1）文化传承的重要性

在和美乡村文化发展中，政府应当强调对传统文化的保护和传承。通过记录口述历史、建立文化档案等手段，保护乡村独有的历史、传统技艺等文化元素，以确保这些宝贵资源得以传承。

（2）鼓励文化创新

除了传承，政府还应鼓励文艺工作者和文化机构参与乡村文化的创新。通过艺术家的创作、文化机构的项目推动，使得传统文化能够与现代元素相结合，进而更好地适应当代社会的需求。

（3）数字化文化传承

利用数字化技术，政府可以推动乡村文化的传承。建设数字文化馆、在线文化平台，让更多人通过网络了解和学习乡村文化，实现传统文化的现代传播。

2.文化活动与乡土特色

（1）传统节庆的重振

和美乡村文化发展需要重视传统节庆的举办。政府可以支持当地居民组织各类传统庆典，如春节联欢、元宵灯会等，通过活动弘扬乡土文化。

（2）艺术展览与文学沙龙

通过举办艺术展览和文学沙龙等文化活动，政府可以为当地居民提供展示和交流的平台。同时，鼓励本土艺术家参与，促使艺术与文学在乡村得到更好的传播。

（3）文化旅游的推动

和美乡村的文化发展可以与旅游业相结合。政府可以支持开展文化旅游活动，推动游客深入了解当地文化，增加文化旅游的吸引力，促进乡村经济的发展。

3.文化创意产业的培养

（1）培育文化创意人才

为了发展和美乡村的文化创意产业，政府可以通过设立专业培训机构，培育文化创意人才。这些人才将有助于将乡村独有的文化资源转化为具有市场竞争力的产品和服务。

（2）支持文创企业发展

提供财政和政策支持，政府可以激发文创企业在乡村兴办。通过提供创业补贴、税收减免等优惠政策，鼓励文创企业在乡村建设中发挥更大作用。

（3）文化产业园区的建设

政府可以设立文化产业园区，提供便利条件和服务。这样的园区可以集聚文创企业，形成产业集群，推动乡村文化产业的发展。

二、建设单元的协同推进

（一）综合规划与整体推进

1.政府整合资源

（1）设立专门机构

为了更有效地推进宜居宜业和美乡村建设，政府可以设立专门的机构，负责统筹规划、资源整合和项目实施。这一机构应跨部门合作，确保各方资源的协同利用，形成整体推进的力量。

（2）跨部门协同

不同领域的资源和政策应该协同推进，避免出现"信息孤岛"和资源浪费。政府可以通过建立跨部门的协调机制，促进基础设施、农业、文化等领域的资源协同运作，形成合力。

（3）制定长远规划

为确保宜居宜业和美乡村建设的长远性，政府应制订明确的规划，涵盖多个阶段。这包括对基础设施、产业发展、文化建设等方面的规划，以确保各个方面的发展相互支撑，形成全局性的发展蓝图。

2.社区自治与居民参与

（1）鼓励社区自治

为了更好地满足当地居民的需求，政府应该鼓励社区自治。这包括支持居民成立自治组织，制定和执行社区规章制度，形成社区自我管理的机制。

（2）居民参与社区决策

政府应设立居民参与决策的机制，如社区议事会。通过这样的机制，居民可以直接参与决策，提出建议，确保项目更贴近实际需求，增强居民对建设过程的认同感。

（3）共建共治

强调共建共治理念，政府可以引导居民参与乡村建设的各个方面，包括基础设施建设、环境保护、文化活动等。通过建立村民委员会、居民代表等机制，形成合作共赢的局面。

（二）补齐短板与强化弱项

在宜业乡村建设中，政府应鼓励农村的科技创新，推动农业智能化应用。通过引导农业生产、产业经营的数字化和智能化，提高生产效率，实现农业可持续发展。

1.农业科技创新支持

首先，政府可以通过设立专项科研项目，重点支持农业科技创新。这些项目可以涵盖从新型农业机械研发到农业生态系统的改进等多个方面。同时，为了确保这些项目的实施，政府需提供充足的科研经费，以激励科研人员在农业领域进行更深入的研究。

其次，政府可以投资建设农技示范基地，为农民提供实地学习和培训的场所。这样的基地不仅可以展示先进的农业生产技术，还可以提供农民实践的机会，加速科技创新在农业中的落地。

为了更好地激发农业科技创新活力，政府应当建设健全的农业科技政策体系。这包括制定相关政策，鼓励农业企业和科研机构合作，推动科技成果的转化和应用。

2.智能化应用的推广

（1）智能农机设备的补贴政策

政府可以实施智能农机设备的购置补贴政策，降低农民使用智能农机的经济门槛。这种政策不仅可以促进农业生产的智能化，还能提高农民生产效率，降低生产成本。

（2）农业物联网基础设施建设

推动农业物联网的建设是智能化应用的关键。政府可投资建设农业物联网基础设施，包括传感器网络、数据中心等，以支持智能化技术在农业领域的广泛应用。

（3）农民培训与技术支持

为了确保智能化技术的有效使用，政府应开展农民培训计划，提高农民对智能化设备操作的技能水平。同时，建立技术支持机制，及时解决农民在使用过程中遇到的问题。

3.数字农业与信息化培训

（1）建设数字农业培训中心

政府可投资兴建数字农业培训中心，提供高质量的培训课程。这些培训中心可以涵盖数字技术在农业管理中的应用，包括农业数据分析、远程监测等内容。

（2）制订农民信息化素养提升计划

制订农民信息化素养提升计划，通过开展信息技术培训、发放信息化工具等方式，提高农民对数字技术的理解和应用能力。这有助于推动数字农业在乡村的广泛应用。

（3）扶持农业数字平台发展

鼓励和支持农业数字平台的发展，提供农业信息化的服务。政府可以通过减税、补贴等方式，激励企业投入数字农业领域，为农民提供更便捷的信息化服务。

三、协同推进与可持续发展

（一）可持续发展的战略规划

1.绿色能源与低碳发展

（1）新能源基础设施建设

政府在宜居宜业和美乡村建设中应着重推动新能源基础设施的建设。通过建设太阳能、风能等绿色能源设施，实现对传统能源的替代，减少对环境的不良影响。这一步骤旨在实现乡村能源结构的升级，提高能源利用效率。

（2）低碳交通体系推进

为减少交通对环境的负面影响，政府可推动乡村低碳交通体系的建设。支持电动汽车、自行车、公共交通等低碳出行方式，减少车辆排放，改善空气质量，促使乡村交通更为环保和可持续。

（3）绿色建筑和生态设计

在乡村建设中，政府应提倡绿色建筑和生态设计。通过推动建筑材料的可再生利用、建筑设计的生态友好，实现建筑在使用和拆除过程中对环境的最小影响。这有助于打造宜居的生活空间，同时保护自然生态系统。

2.循环经济与资源合理利用

（1）资源综合利用政策支持

政府可制定支持资源综合利用的政策，鼓励农村开展废弃物的分类收集、回收再利用。通过建设废弃物处理站点，提高资源再利用率，降低对新资源的依赖，实现循环经济的目标。

（2）农业生态系统优化

循环经济的核心是资源的循环利用，而农村的生态系统在这一点上有着巨大的潜力。政府可以通过农田的生态修复、种植多样化农作物等方式，促使农业生态系统的优化，提高农田的可持续性和生产力。

（3）农村水资源管理

在农村水资源管理方面，政府可推行水资源的循环利用政策。通过建设雨水收集系统、提高灌溉系统的效率，实现水资源的节约和再利用，在保障农业生产需要的同时，减轻对地下水和河流水的开发压力。

（二）人才培养与社会发展

1.农村人才引进与培养

（1）人才引进政策设计

政府应设计有针对性的人才引进政策，包括提供生活补贴、住房支持、税收优惠等激励措施，以吸引各领域人才到农村发展。这有助于弥补农村在专业、技术和管理方面的人才短板，推动当地宜业乡村的产业升级。

（2）农村人才培养体系建设

政府应建立健全的农村人才培养体系，包括设立农业技术培训中心、推动农村青年创业计划等。通过培训，提高农村居民的综合素质和创业能力，使其更好地适应宜业乡村的发展需求。

（3）农村产业与人才结合

政府可通过引导人才与农村产业深度结合，促进优秀人才参与农业生产、农村旅游等产业。这既能激发农村产业活力，又为人才提供更广阔的发展空间，推动宜居宜业乡村建设的可持续发展。

2. 教育与文化的全面发展

（1）教育资源平衡分配

政府要通过合理规划，平衡农村和城市教育资源的分配，确保农村学校获得足够的师资和教学设施。这有助于提高农村教育质量，培养更多的优秀人才。

（2）农村学校网络建设

政府应加强对农村学校的网络建设，提高信息化水平。通过互联网技术，农村学校可以获取更多的教学资源，促进乡村学生接触先进知识，增强他们的综合素养。

（3）农村文化活动的多样性

政府要支持农村文化活动的多样性，包括举办传统文化节庆、艺术展览、文学沙龙等。通过文化活动的丰富多彩，培养乡村居民的审美情趣，提高他们的文化素养，为乡村建设注入更多艺术和文化元素。

（三）社会参与共建共享

1. 社会组织与志愿服务

（1）社会组织的角色与作用

政府应明确社会组织在宜居宜业和美乡村建设中的角色，鼓励其在产业发展、文化传承、环境保护等方面发挥积极作用。通过建立社会组织与政府的紧密合作机制，形成共建共管的局面。

（2）志愿服务体系的构建

政府可以建立完善的志愿服务体系，通过培训、激励机制，吸引更多居民参与志愿服务。志愿者可参与农村基础设施建设、文化活动组织、环境保护等方面，为乡村的宜居宜业和美提供有力支持。

（3）专项基金的设立

为支持社会组织和志愿者的活动，政府可设立专项基金，用于资助相关项目。这有助于吸引更多的社会资本和资源参与，形成政府、社会组织和居民三方共建的良好格局。

2. 信息化与数字乡村

（1）农村网络基础设施建设

政府应加大对农村网络基础设施的建设投入力度，提高农村信息化水平。通过铺设光纤、建设基站等手段，实现农村与城市的信息互通，为数字乡村的发展创造条件。

（2）数字化农业的推广

政府可以引导农民利用现代信息技术，推广数字化农业。通过农业物联网、大数据分析等技术手段，提高农业生产的智能化水平，实现精准农业管理，促进农村产业升级。

（3）文化和服务的数字化提升

政府可支持农村文化和服务的数字化提升，包括数字化图书馆建设、在线教育推广、电子商务的发展等。这不仅提高了农村居民获取信息的便捷性，还促进了农村文化的传承和发展。

第四章 宜居宜业和美乡村建设的基本方略

第一节 以具备基本现代生活条件为主攻目标

对接全面建设现代化国家，聚焦农业农村现代化需要在重点上突破。弥补城乡要素双向流动、平等交换机制的发展缺漏，为宜居宜业和美乡村建设提供综合的发展支持与保障，主要包括要素配置、人才配备、资金投入、基本公共服务等层面，通过大力改善农村基础设施建设、建设优化乡村治理体系、丰富农民物质文化生活、开发乡村多元价值，让农民的生活条件跟上现代化生活步伐。

一、要素配置与人才配备

（一）优化要素配置

政府应该通过优化资源要素配置，特别是资金、土地、劳动力等要素，引导这些要素向农村倾斜。建立符合农业农村现代化需求的资源配置机制，确保农民能够更好地分享现代化发展成果。

1.资金支持

政府应制定并实施全面的资金支持政策，确保农业农村现代化发展基金的科学、合理配置和使用。具体而言，可以采取以下措施。

（1）设立专项基金

设立农业农村现代化发展专项基金，用于支持农村基础设施建设、产业发展、科技创新等关键领域。这需要建立透明的基金管理机制，确保每一笔资金都能够有效投入具体项目中。

（2）财政政策引导

通过调整税收政策、设立农业农村发展奖励机制等方式，引导财政资金向农村倾斜。鼓励地方政府增加对农村的财政投入，促进农业现代化的全面推进。

（3）金融支持

加强与金融机构的合作，为农业农村现代化项目提供低息贷款和融资支持。建立风险共担机制，降低农村项目融资的风险，激发农村金融活力。

2.土地利用

政府应通过土地制度改革和灵活的土地使用机制，实现土地资源向农村倾斜的目标。

以下是具体的政策建议：

（1）土地流转制度

完善土地流转制度，鼓励大规模、高效益的农业经营主体参与土地流转。政府可以提供土地流转奖励和税收优惠，激励土地的集约利用。

（2）确权与分配

进一步推进土地确权工作，保障农民的土地使用权益。同时，通过公平的土地分配机制，确保土地资源更好地服务农业农村现代化的需求。

（3）可持续土地利用规划

制订可持续土地利用规划，明确土地的不同功能区域，保护耕地，合理规划农业生产、生态保护、乡村建设等多重目标。

（二）人才培训与引进

1.现代农业技术培训

（1）设立农业技术培训中心

政府应投资兴建农业技术培训中心，覆盖乡村各地，提供系统的农业知识和技能培训。培训内容包括现代农业管理、农业科技应用、农业机械操作等，旨在提高农民的专业水平。

（2）开展移动培训

利用移动教室和科技手段，实现农技人员上门培训，解决乡村交通不便的问题。结合实际情况，制订灵活的培训计划，确保农民能够轻松参与培训。

（3）建立培训档案

对参与培训的农民建立个人培训档案，记录其培训经历和成绩。这有助于评估培训效果，为农民提供个性化的学习建议，提高培训的针对性和实用性。

2.科技创新人才引进

（1）人才引进政策

制定有吸引力的人才引进政策，包括提供住房、税收优惠、科研经费支持等激励措施。吸引具有农业科技创新经验的专业人才到农村从事科研和生产工作。

（2）产学研合作

政府鼓励农业高校、科研机构与当地农业企业合作，开展产学研一体化的科技创新。建立农业科技创新团队，为农民提供前沿的农业科技支持。

（3）设立科技创新基地

在农村建立科技创新基地，提供现代实验设施和科研条件。吸引国内外专业团队，通过开展科研项目，推动农村科技水平的提升。

二、基础设施建设

（一）农村交通网络完善

1. 交通基础设施建设

（1）农村道路改善

政府应加大对农村道路建设的投入，修建宽敞平整的公路网，确保连接主要农田、农村居民区和交通枢纽的畅通道路。这有助于提高农产品的运输效率。

（2）桥梁建设

在农村交叉河流或沟渠处修建稳固耐用的桥梁，保障农民通行的便捷性。这不仅方便农业机械的运输，也提高了农产品运输的灵活性。

（3）交通枢纽建设

在农村建设交通枢纽，集结多条交通线路，提高运输的集约度。这样可以更好地连接农村与城市，促进资源、信息和人才的有机流动。

2. 物流体系建设

（1）农产品冷链物流

引入冷链物流技术，建设农产品冷链配送中心，确保农产品在运输过程中保持新鲜。这有助于拓展农产品的销售市场，提高附加值。

（2）信息技术应用

利用现代信息技术，建立农产品物流信息平台。通过智能物流系统，实现对农产品从生产到销售的全程监控，提高物流的透明度和效率。

（3）物流园区建设

在农村周边建设物流园区，提供存储、分拣、包装等服务，形成完整的农产品物流链条。这样可以降低物流成本，增加农民收入。

（二）水利工程建设

1. 提高水资源利用效率

（1）灌溉设施升级

政府可投入升级农村灌溉设施，采用现代化灌溉技术，如滴灌、喷灌等。这样的技术能够准确计量水量，精准供水，减少浪费，提高农田对水源的利用效率。

（2）水资源信息化管理

引入信息技术，建设水资源信息平台。通过远程监测、数据分析，实现对农田水分需求的精准匹配，科学调度水资源，确保供需平衡。

（3）耕地水分管理

推动农村耕地水分管理体系建设，制定科学的灌溉制度。采用分区管理、定量供水等方式，避免过量灌溉，提高用水效益。

2.生态水利建设

（1）湿地建设与恢复

重视湿地生态系统的建设和恢复，构建湿地与农田的有机连接。湿地可以充当自然的水源涵养区，为周边农田提供稳定的水源。

（2）水源涵养区规划

划定水源涵养区，保护水源。通过科学规划，确保水源涵养区的自然植被，减缓水土流失，保障水质清洁。

（3）生态修复技术

运用生态学原理，开展水生态修复工程。采用湿地植被修复、水质净化技术等手段，恢复农村水体的自然平衡。

三、乡村治理体系优化

（一）加强村级组织建设

1.村级治理体系建设

（1）法治化建设

建立健全村级法治体系，制定和完善村规民约，加强农村法治宣传教育。通过法治手段规范村务管理，增强农民的法治意识，促进社会稳定。

（2）村干部培训

制订村干部培训计划，提高其管理和服务水平。培训内容涵盖法律法规、农村经济管理、社会服务等多方面，使村干部具备全面的执政能力。

（3）村务团队专业化建设

组建专业团队，包括财务、法律、社会服务等方面的专业人才，为村级治理提供专业支持。同时，建立与专业机构的合作关系，引入外部专业力量，提升治理水平。

2.农村社区建设

（1）社区自治机制

鼓励建立社区自治机制，设立社区议事会、居民代表大会等机构，实行基层民主决策。通过民主参与，增强农民对村级事务的管理权和决策权。

（2）多元化社区服务

构建多元化的社区服务网络，包括健康、教育、文化等方面的服务。引导社会组织和企事业单位参与社区服务，满足农民多层次的需求。

（3）社区网络建设

利用信息技术，建设农村社区网络。通过社区网络，实现信息共享、问题反馈，提高社区居民参与感和满意度。

（二）乡村干部队伍培养

1.专业培训

（1）农业现代化培训

设立专业农业培训机构，为农村干部提供农业现代化方面的培训。内容包括农业科技知识、绿色农业管理、农业产业链优化等，提升干部在农业发展方面的专业素养。

（2）法治与社会管理培训

强化法治和社会管理培训，使农村干部具备法规意识和社会管理技能。涵盖领导力培养、农村法治建设、社区服务等方面，培养干部全面发展的素质。

（3）复合型干部培养

实施复合型干部培养计划，鼓励农村干部跨学科学习，提高综合应对复杂问题的能力。通过学历提升和实践锻炼，培养具备现代管理、科技和法治素养的复合型领导人才。

2.干部考核与激励机制

（1）科学考核体系

建立科学、客观的考核指标体系，包括农业经济发展、基层治理效果、农村社会稳定等多个方面。确保考核体系全面反映干部履职情况。

（2）激励机制建设

制定激励政策，根据考核结果给予相应奖励。激励可以包括物质奖励、晋升机会、学习培训机会等，提高干部服务的积极性和创造性。

（3）制订职业发展规划

制定干部职业发展规划，根据个人兴趣和能力，提供不同领域的发展通道。通过职业规划，引导干部更好地为农村事业作出贡献。

四、丰富农民生活

（一）农村文化活动

1.传统文化传承

（1）文化传承政策制定

制定明确的文化传承政策，明确支持哪些传统文化项目，确保这些项目得到有效的传承和发展。政府可以设立专项资金，支持有悠久历史的传统文化活动。

（2）非物质文化遗产保护

加强对农村非物质文化遗产的保护工作，包括传统手艺、传统戏曲等。通过申报国家级、地方级非物质文化遗产，为这些传统文化注入新的生命力。

（3）文化传承教育

在农村开展文化传承教育，包括邀请文化名人、专家学者为农民讲解传统文化，举办传统文化知识竞赛等。培养农民对传统文化的热爱和认同。

2.文艺团体支持

（1）文艺团体培训

为农村组建的文艺团体提供培训机会，包括艺术表演技能、团队协作等方面。建立专业的培训机构，提升农民艺术水平，使文艺活动更具专业性和艺术性。

（2）文艺节目举办

举办农村文艺节目，包括文学朗诵、音乐会、舞蹈表演等。政府可以提供场地、资金支持，并通过各类比赛和评选活动，激发农民的文艺创作热情。

（3）文艺活动融入乡村生活

将文艺活动融入乡村生活中，如在农田、村庄、农舍举行艺术展览、演出等。通过让文艺活动贴近农民生活，增加农民的参与度和归属感。

（二）体育赛事

1.乡村体育设施建设

（1）设施规划与布局

制订乡村体育设施建设规划，合理规划篮球场、足球场等，确保设施的均衡分布，满足农民的多样化体育需求。

（2）多功能化体育设施

不仅注重球类运动设施，还要考虑多功能体育场馆的建设，包括健身区、运动广场等，以满足不同年龄层次和兴趣爱好的农民的需求。

（3）社区参与管理

鼓励农村社区参与体育设施的建设和管理。设立社区体育委员会，推动农村居民积极参与体育设施的使用和维护，增强社区凝聚力。

2.体育扶持政策

（1）农村体育团队建设

制订农村体育团队建设计划，支持和培养本地的体育团队。提供场地、装备、培训等方面的支持，促使农民更积极地参与体育锻炼。

（2）奖励机制

设立奖励机制，对在农村体育赛事中表现优异的团队和个人进行奖励。奖励可以是荣誉称号、奖金等，激发农民对体育的积极性。

（3）体育人才培养

制订培训计划，培养农村体育教练员和裁判员。通过组织专业的培训课程，提高农村体育人才的水平，促进农民体育文化水平的提升。

第二节　以为农民而建、让农民幸福为出发点和落脚点

为农民打造宜居宜业和美家园，配备完善的公共基础设施，建设乡村文明，稳定供给优质的公共服务。首先要尊重农民意愿，建设成什么样、怎么建，要农民说了算，以满足农民的物质、精神需求为出发点，以宜居宜业和美为标准，目的是让农民过上满意的幸福生活。同时，注重农民参与，让农民群体广泛介入于规划设计、项目实施、后期管理与运营等环节，号召大量的农民尤其是年轻人积极参与建设乡村，创造良好的基础设施和人文条件，引导广泛的农民通过劳动获取财富，共同迈向共同富裕，持续激发乡村发展的内生动力。

一、尊重农民意愿

（一）民主决策机制

1.村民代表大会制度建设

（1）参与程度的考量

在建设村民代表大会制度时，政府需充分考虑村民的参与程度。通过调研和座谈，了解不同村民群体的参与意愿，确保代表大会的建设是符合实际情况的。

（2）平等参与原则

村民代表大会制度应确保农民的平等参与。建立选举制度，使代表的产生更具代表性，避免权力过于集中，确保各阶层农民的利益能够得到平等关注。

（3）决策透明度

为保证决策透明度，政府可制定相关法规，规定代表大会的决策程序和信息公开标准。通过制度建设，使决策过程清晰、公开、公正。

2.决策透明度

（1）信息公开机制

建立信息公开机制，将乡村建设的决策过程、议题、决定结果等信息向农民公开。通过政府网站、社区广播等渠道，及时传达相关信息。

（2）社区参与互动平台

利用互联网和移动通信技术，建立社区参与互动平台。农民可通过平台提出建议、意见，政府及时回应，形成良性的互动机制。

（3）媒体宣传

制订媒体宣传计划，通过电视、广播、报纸等媒体向农民介绍乡村建设的决策过程，提高农民对决策的了解和信任感。

（二）社区调查和需求分析

1.详细社区调查

（1）科学调查方法

采用科学的调查方法，包括问卷调查、实地考察等手段，全面了解农民的实际需求。与地方农村专业团队合作，确保调查的科学性和权威性。

（2）社区参与调查

鼓励社区居民参与调查过程，形成多方参与的社区建设氛围。政府可设置调查志愿者岗位，吸引社区居民积极参与。

2.建立农民需求数据库

（1）数据收集标准

制定统一的数据收集标准，确保数据的可比性和科学性。通过设立专门的数据采集团队，定期更新农民需求数据库。

（2）信息应用与反馈

将农民需求数据库与决策程序相连接，使其成为乡村建设的科学依据。政府定期向农民反馈数据库的使用情况，增加农民对数据收集工作的信任感。

（三）农民培训和参与教育

1.开展基础建设知识培训

（1）培训内容设计

通过与农村专业培训机构合作，设计基础建设知识培训课程。内容涵盖乡村规划、建筑设计、环境保护等方面，使农民了解乡村建设的基本原理和知识。

（2）培训形式多样

采用多样化的培训形式，包括课堂授课、实地考察、在线学习等。确保培训内容贴近农民实际，提高培训的实效性。

2.鼓励农民成为积极参与者

（1）参与机会提供

政府要创造更多的参与机会，鼓励农民参与乡村建设的不同环节。可以设立农民代表、建设志愿者等身份，让农民更直接地参与决策和实施。

（2）激发参与动力

通过奖励机制，激发农民成为乡村建设的积极参与者。可以设立建设奖励基金，对于在乡村建设中作出贡献的农民给予嘉奖，提高农民的积极性。

二、提供完善公共服务

（一）医疗服务提升

1.建设综合医疗服务中心

（1）中心的设立

①医疗、预防、康复一体化

综合医疗服务中心应当将医疗、预防、康复等功能整合为一体。通过建立全科医生团队，为农民提供全方位的医疗服务，包括基本医疗、健康检查、康复护理等。

②引入各类医疗资源

中心应引入不同专业领域的医疗资源，包括家庭医生、儿科医生、妇产科医生等，形成综合服务体系。政府可通过合作协议，引进专业医疗团队，提高医疗水平。

（2）农民医疗需求调查

①实地调查

在建设综合医疗服务中心之前，政府可进行实地调查，了解农民的实际医疗需求。通过走访、座谈、问卷等方式，全面掌握农村医疗服务的痛点和需求。

②数据分析

收集的医疗需求数据应进行科学分析，形成医疗服务规划。政府可以委托专业机构对数据进行深度挖掘，为综合医疗服务中心的设立提供科学依据。

（3）医疗服务规划与设计

①基础设施规划

在规划综合医疗服务中心时，要考虑基础设施的合理布局。确保医疗设施、绿化环境、停车场等方面都能满足农民的需求。

②服务模式设计

构建医疗服务模式，包括门诊时间安排、急诊处理流程、慢性病管理等。服务模式应贴合农村实际，确保服务的高效性和实用性。

2.鼓励医生到农村工作

（1）奖励政策制定

①提供奖励措施

政府应制定奖励政策，为愿意到农村工作的医生提供一定的奖励。奖励可以包括财政补贴、职称评定加分、培训机会等，以吸引更多医生参与农村医疗服务。

②工作年限考核

建立医生在农村工作的工作年限考核机制，通过在农村服务的年限，逐步提高医生的职称和待遇，增加医生对农村工作的长期投入。

（2）职业发展支持

①专业培训机会

提供农村医生专业培训机会，使其能够不断提升医疗水平。政府可与医学院校合作，建立远程培训系统，方便农村医生参与学术交流和培训。

②职业发展通道

明确农村医生职业发展通道，明确其在医疗事业中的晋升路径。设立农村医疗服务的先进个人奖项，鼓励医生在农村建立起良好的事业。

（二）优质教育资源

1.学校硬件设施提升

（1）教室建设与改善

①教室数量与面积

政府应投资增建教室，确保足够的学习空间。同时，关注教室面积，提高每个学生的学习舒适度。

②多功能教室设计

设计多功能教室，以适应不同的教学需求。这些教室可灵活调整布局，支持多样化的教学方式，如小组讨论、实践教学等。

（2）图书馆与实验室建设

①图书馆资源丰富

更新图书馆藏书，引入各类教育资源，包括教科书、文学作品、科普读物等，满足学生多样化的阅读需求。

②实验室设备升级

对科学、化学、物理等学科的实验室进行设备升级，确保学生能够在良好的实验环境中学习，培养实际动手能力。

2.引入高素质师资

（1）奖学金设立

①吸引优秀师资

政府可以设立奖学金计划，吸引高素质的教育专业人才到农村学校任教。奖学金的设置应具有一定吸引力，包括资助师资进修、提供教育资源等。

②设立荣誉称号

根据教学成果和贡献，设立农村教育优秀教师等荣誉称号，以激发教育工作者的责任心和使命感。

（2）师资培训机制

①定期培训计划

制订师资培训计划，定期组织教师培训活动。这包括教学方法、心理辅导、学科知识等多方面的培训，提升农村教师的综合素质。

②专业技能提升

通过与城市优质学校的合作，为农村教师提供专业技能提升机会。可以通过线上课程、学科交流等方式，帮助他们更好地适应教学需求。

（三）文化活动和娱乐服务

1.丰富农村文化生活

（1）传统节庆与文艺演出

①传统文化传承

政府可组织传统文化活动，如传统节庆庆典、民俗表演等，以弘扬和传承当地独特的文化传统。

②文艺演出活动

通过组织各类文艺演出，如舞台剧、音乐会等，为农民提供丰富多彩的文化娱乐体验，提升社区居民的文艺欣赏能力。

（2）社区凝聚力与参与感

①社区文化组织

政府鼓励设立社区文化组织，由居民自发组织文艺、体育等活动，增加社区凝聚力，培养居民的文化自觉性。

②居民参与活动

建立农民参与文化活动的平台，引导农民积极参与，培养他们对文化活动的主动性和归属感。

2.文化娱乐中心建设

（1）多功能文化娱乐设施

①图书馆资源更新

完善文化娱乐中心的图书馆，更新各类图书、期刊，提供农民广泛的阅读选择。

②影视资源引入

引入优质的影视资源，通过放映最新电影、纪录片等，拓宽农民的文化视野。

（2）文化活动和培训

①文化课程开设

在文化娱乐中心设立文化课程，如书法、绘画、舞蹈等，为农民提供学习文化知识的机会。

②文化培训与讲座

定期举办文化培训与讲座，邀请专业人士分享文化知识，拓宽农民的文化视野，激发他们对文化的兴趣。

三、农民参与建设

（一）农民合作社

1.鼓励成立农民合作

为提高农产品附加值和增加农民收入，政府应积极鼓励农民成立合作社。合作社可以整合农村资源，提升农业生产效益，同时通过规模化经营，提高农产品市场竞争力。

2.财政和政策支持

为推动农业产业升级，政府可提供财政和政策支持。资金投入、税收减免、培训等政策措施将为农民合作社的发展提供有力支持，激发农业生产的活力。

（二）农村产业培训

1.农业技术培训

为引导农民参与现代农业产业，政府应提供农业技术培训。通过组织培训课程，农民可以学习和掌握最新的农业科技，提高生产效率，降低生产成本。

2.培养创业精神和管理技能

政府应注重培养农民的创业精神和管理技能。通过创业培训和管理课程，帮助农民更好地参与农村产业发展，提高其经营适应能力。

（三）共享机制

1.建立共享机制

政府可以引导农民建立共享机制，使其能够分享乡村建设的成果。这涉及公共设施、文化资源等的共享，通过建立有效的机制，促进资源的合理利用。

2.促进共同富裕目标实现

共享机制是实现共同富裕目标的有效途径。政府可以通过提供相关政策和法规，鼓励农民参与共享机制，推动乡村全体居民共同分享社会发展带来的成果。

第三节 突出乡味、体现乡韵的特色建设所在

村庄集生产、生活、生态功能于一体，村庄风貌各具特色。建设宜居宜业和美乡村不能简单照搬城市做法，不能千村一面。需要立足乡村地域特征，与自然生态融为一体，对人口分布格局、生态保护工作推进、产业发展、土地运用、公共服务供给等进行统一规划，确保农村生产、生活空间设计以及设施配备符合科学原则，延续传统优秀的乡土文化、农耕文明、红色文化与民族特色等，深度开发乡村地区发展价值，带动乡村地区的自然资源价值稳步提升，有机串联传统乡土文明与现代文明，充分彰显乡村文明的时代魅力以及发展特色。

一、地域特色规划

（一）差异化规划

1.自然条件考量

政府在规划中应全面考虑不同乡村的地理、气候、土壤等自然条件，制订差异化的建设规划。通过科学地规划，合理布局农村生产、生活空间，使之更符合乡村地域特色。

2.精准产业发展

针对不同乡村的自然条件，政府可以制订精准的产业发展方案。通过充分挖掘当地资源禀赋，发展适合乡村特色的产业，提升农村经济的竞争力。

（二）历史文化融入规划

1.保护乡土文明

引导规划中融入乡村的历史文化，政府应重视乡土文明的保护。通过合理规划，保护悠久的乡土文明，形成富有地域特色和历史底蕴的乡村风貌。

2.传统建筑风格

在规划中，可以鼓励沿用或修缮传统建筑风格，使之与乡村历史文化相呼应。这不仅有助于保护乡土文化，也为乡村注入独特的历史氛围。

（三）农村产业定位

1.资源禀赋考虑

根据乡村地域特征，政府应充分考虑当地的资源禀赋，明确合理的农村产业定位。不同地域的资源差异性将决定产业结构的合理性。

2.促进可持续发展

通过合理的农村产业定位，政府可以促进乡村经济的可持续发展。发展适应地方特色的产业有助于提高农民收入，推动乡村全面发展。

二、乡土文化传承

（一）文化活动组织

1.民俗表演

政府鼓励乡村组织丰富多彩的民俗表演，如传统舞蹈、戏曲等，以展示乡村独有的文化底蕴。这些表演既是对传统文化的传承，也能增强农民对乡土文化的认同感。

2.传统手工艺展示

通过组织传统手工艺展示，政府可以促进手工艺传统的传承。例如，传统织布、陶艺等手工艺品展示，让农民了解并参与传统手工艺的制作。

（二）文化资源挖掘

1.专业人士调查

政府可组织专业人士对乡村进行文化资源调查，挖掘乡土文学、民间故事等。这些资源可以作为乡村文化的基础，为文化活动提供丰富的素材。

2.文化资源数据库

建立文化资源数据库，将挖掘到的文化元素进行整理和分类。这个数据库不仅有助于保护和传承乡村文化，还可以为后续的文化活动提供支持。

（三）教育与培训

1. 文化传承培训班

在乡村设立文化传承培训班，邀请专业人士传授相关知识。培训农民成为文化传承的骨干力量，提高他们对乡土文化的理解和传承能力。

2. 农村文化教育

在乡村开展文化教育活动，包括举办讲座、展览等。通过这些活动，政府可以引导农民深入了解乡土文化，激发他们对传统文化的热爱。

三、环境保护与乡村产业发展

（一）绿色产业发展

1. 有机农业的发展

针对乡村的地理和气候条件，政府可以推动有机农业的发展。通过提供有机认证、培训有机农业技术等方式，鼓励农民采用更环保的农业生产方式，减少农药和化肥的使用，保护土壤生态系统。

2. 生态旅游的推动

鼓励乡村发展以生态为主题的旅游业，将美丽的自然风光和丰富的文化资源融入旅游产品中。政府可以提供资金支持、政策扶持，同时引导农民积极参与，使其从旅游业中受益。

（二）生态空间规划

1. 划定生态保护区域

制定明确的生态保护区域划定标准，重点保护水源涵养区、特有植物区等生态敏感区域。在规划中确保这些区域的生态环境不受破坏。

2. 水源涵养工程

推动水源涵养工程，通过植被保护和湿地建设等手段，保障水源的可持续利用。加强水资源管理，防止水资源的过度开采。

（三）农业可持续发展

1. 科技支持

政府可投资农业科技研发，提供现代农业技术培训，引导农民采用更科学、更环保的农业生产方式。鼓励农村建设现代化的农业生产基地，提高农业效益。

2. 资源合理利用

引导农民科学利用土地和水资源，制定合理的农业种植结构，避免过度开发。鼓励农民采用节水灌溉技术和精准农业管理，提高农业资源利用效率。

第四节　统筹推进、分区施策的工作策略

建设宜居宜业和美乡村应该对新时代中国特色社会主义思想的世界观与方法论进行深度研究，明确把握其中的道理、哲理与学理，坚守发展初心，注重落实与执行。坚持顶层设计与统一建设。对农村经济、生态文明、政治、社会、文化、党建等层面进行系统谋划，带动农村地区的生态、人才、组织、文化与产业全面繁荣。

一、发展初心的坚守

（一）人民幸福为出发点

1.民生工程投入

（1）基础设施建设

为提升农民的生活水平，政府应增加对农村基础设施的资金投入。重点包括修建道路、改善供水供电系统、提高通信网络覆盖，确保农民能够享受到与城市相近的公共服务。

（2）医疗卫生投资

加大对农村医疗卫生系统的资金支持力度，建设现代化的综合医疗服务中心。通过引进医疗资源和提高基层医疗水平，确保农民能够享受到高质量的医疗服务。

（3）教育条件改善

政府应加大对农村教育的资金投入力度，改善学校硬件设施，提高教育资源配置。确保农村学校能够与城市学校媲美，为农民子女提供良好的教育条件。

2.农产品流通改善

（1）农产品物流建设

优化农产品流通体系，建设便捷的农产品物流渠道。政府可推动建设农产品集散地，提高农产品的市场竞争力，确保农民能够获得合理的收益。

（2）市场信息反馈

引入先进的信息技术，建立农产品市场信息系统。通过信息化手段，及时反馈市场需求，帮助农民合理安排生产，提高农产品的市场适应性。

（3）贸易合作推动

政府可推动农产品与城市间的贸易合作。通过建立合作机制，促进农产品进入城市市场，提高销售渠道多元性，增加农民收入。

3.社会保障制度

（1）农村社会保障建设

完善农村社会保障制度，包括养老、医疗、教育等方面。政府可制定相关政策，建设农村社会保障体系，提高农民的社会保障水平。

（2）保障医疗服务

设立农村医疗救助基金，确保贫困农民能够享受到基本的医疗服务。鼓励医生到农村执业，提高医疗水平，降低医疗费用负担。

（3）职业培训和就业保障

实施职业培训计划，提高农民的就业技能。建立农村就业服务中心，推动农民就业，增加其经济来源。

（二）生态文明理念引领

1.生态农业推动

（1）有机农业发展

为实现生态农村建设，政府应鼓励农业向绿色、生态方向转变，特别是推广有机农业。通过提供技术支持和资金补贴，引导农民采用环保的农业生产方式，减少化肥农药的使用，保护土壤和水资源。

（2）生态农业示范基地

政府可设立生态农业示范基地，引导农民学习和运用生态农业技术。这些基地可以提供培训和展示，帮助农民更好地理解和应用生态农业的理念，推动农业可持续发展。

（3）绿色种植模式

推动农民采用绿色种植模式，如梯田种植、轮作休耕等。这有助于提高土地的利用效率，减轻对土地的压力，实现农业与生态的良性循环。

2.生态环境保护

（1）严格生态环境政策

制定严格的生态环境保护政策，加强对农村环境的监测和治理。政府要确保农民的生活环境，预防环境污染对农村产业和居民生活的影响，推动农村实现绿色发展。

（2）农田生态修复

实施农田生态修复计划，采用植被覆盖、水土保持等方式，减少水土流失，改善土地质量。政府可提供相应的技术指导和经济支持，推动农田生态环境的改善。

（3）可持续资源利用

鼓励农民实行循环农业，合理利用农业废弃物，推动资源的可持续利用。政府可以提供技术支持，引导农民实施农业生产过程中的资源综合利用。

3.文化生态建设

（1）弘扬乡村文化

政府可通过文艺演出、传统节庆等方式，积极弘扬乡村文化。通过这些文化活动，培养农民对乡土文化的认同感，激发他们保护乡村生态环境的责任感。

（2）文化活动支持

政府可提供资金和场地支持，鼓励农村自发组织各类文化活动。这有助于打造浓厚的文化氛围，为生态文明建设提供精神支持。

（3）生态文明教育

引入生态文明理念教育，加强对农民的培训。通过开设相关课程，让农民了解生态文明的重要性，增强他们的环保意识，从而更好地参与生态建设。

（三）实施与执行

1.制度建设

（1）制度体系建立

为确保发展初心在制度层面得到体现，政府应建立健全的农村建设制度体系。这包括对规划、项目实施、资源配置等方面的制度规范，确保各项政策有法可依。

（2）责任明晰

在制度中明确各级政府和相关部门的责任，确保各方履行职责。政府要建立监督机制，对责任不落实、执行不到位的单位和个人进行问责，强化制度的执行力度。

（3）政策监督

加强对各项政策的监督机制，确保政策的执行符合初衷。设立定期政策评估机制，通过专业评估团队对政策执行情况进行评估，为政策的调整和改进提供科学依据。

2.绩效考核

（1）科学绩效考核体系

政府应建立科学合理的绩效考核机制，对各级政府和相关部门进行全面绩效评估。考核指标应涵盖农村建设的各个方面，如基础设施建设、产业发展、生态保护等，确保考核全面、客观、公正。

（2）激励机制建设

鼓励守初心、履职尽责的地方管理人员获得更多的支持和奖励。政府可以设立奖励基金，对在绩效考核中表现优秀的地方管理人员给予经济激励，以推动各地更好地执行农村建设政策。

（3）透明公开

绩效考核结果应当及时公开，接受社会监督。通过透明的绩效公示，增加政府和相关部门的责任感，提高执行效率。

3.公众监督

（1）社会参与机制

鼓励公众参与农村建设的监督。政府可以设立公众参与渠道，邀请专业组织和志愿者参与农村建设项目的监测和评估，确保项目合法合规推进。

（2）举报渠道建设

设立举报渠道，鼓励公众发现农村建设中的问题进行举报。政府要建立健全的举报受理和处理机制，对举报信息进行及时核查和处理，保障公众合法权益。

（3）政府回应机制

政府应建立积极回应社会关切的机制。对公众关注的问题，政府要及时回应，公开解释政府决策的科学性和合理性，增强社会对政府的信任感。

二、分级建设的良好局面

（一）上下联动机制

1.政策协同与信息共享

（1）信息共享平台建设

政府应建立高效的信息共享平台，使中央、省级、地方政府能够实时了解各自乡村建设的最新情况。这有助于政策的协同制定和调整，提高政策的针对性和实效性。

（2）政策衔接机制

确保政策的衔接和无缝过渡。中央政府要向下级政府明确政策方向，同时收集各级政府的反馈意见，通过制度机制保证政策的衔接和协同推进。

（3）决策信息透明

加强政策决策的透明度，及时向社会公众披露决策过程和决策依据。通过公开透明，增加各级政府决策的合法性和公信力。

2.跨区域合作机制

（1）鼓励合作网络建设

中央政府可以鼓励不同区域之间建立合作网络，促进资源和经验的跨区域共享。设立跨区域的工作组织，定期召开合作座谈会，分享成功经验和有效做法。

（2）政府支持与引导

中央政府在资金、技术和政策等方面给予跨区域合作以支持和引导。通过设立专项基金、提供技术援助等方式，推动不同区域间的合作机制更加顺畅地运行。

（3）共同研究与规划

鼓励各级政府在乡村建设规划中进行共同研究和制订。成立专门的研究机构，由中央牵头，与各省级政府、地方政府共同研究和规划乡村建设的方向与目标。

3.资金分配机制

（1）公平合理的资金分配

建立更加公平合理的资金分配机制，确保中央、省级和地方政府在资金支持上形成合力的比例关系。建立科学的财政体制，根据各级政府的实际需求和贡献，合理分配财政资源。

（2）资金有序流转

通过财政体制改革，实现资金的有序流转。确保中央拥有足够的财政支持，同时要给予地方更大的财政自主权，使得各级政府在资金分配上更具灵活性。

（3）项目评估与考核

设立项目评估和考核机制，对各级政府使用资金的情况进行监督。通过考核结果，调整资金分配比例，鼓励地方政府更加科学合理地运用资金，推动分级建设的有序进行。

（二）差异化政策支持

1.区域特色政策

（1）特色需求分析

政府应通过深入的地方调研，全面了解不同地区的特色和需求。通过科学的数据分析和社会调查，明确各地区的资源禀赋、产业基础、人口结构等特点，为制定差异化政策提供科学依据。

（2）政策差异化制定

根据各地区的不同特色和需求，制定差异化的政策支持。对资源相对匮乏的地区，政府可以制定更加灵活的政策，如提供更多的财政支持、减免税收等，以激发其发展潜力。

（3）激发地方活力

通过区域特色政策的制定，激发各地方的发展活力。使每个地区都能够在乡村建设中找到适合自身特点的发展路径，推动全国乡村全面发展。

2.产业发展定位

（1）自然资源评估

对乡村地区的自然资源进行全面评估，明确各地的产业基础。通过了解土地、水源、气候等情况，为科学的产业发展定位提供依据。

（2）差异化产业发展

根据地区的自然资源和产业基础，制定相应的产业发展定位。对农业优势的地区，政府可以加大农业产业支持力度；对生态资源丰富的地区，可推动生态旅游等绿色产业的发展。

（3）可持续发展规划

制订具有可持续性的产业发展规划。注重产业的长远发展，避免短期内盲目开发导致资源枯竭和环境破坏，确保产业的可持续性和乡村的长远发展。

3.项目配套政策

（1）项目需求分析

在项目实施前，政府应对项目地需求进行充分地分析。了解项目所在地区的经济发展水平、社会需求，为制定项目配套政策提供依据。

（2）灵活的政策支持

针对具体项目，政府应制定灵活、差异化的政策支持。对重点项目，可以提供更多的财政支持和政策倾斜，以确保项目的顺利推进。

（3）项目后期监测

在项目实施过程中，政府要建立健全地监测机制。通过对项目后期效果的监测和评估，及时调整项目配套政策，确保项目达到预期效果。

（三）项目实施与监管

1.项目管理体系

（1）科学规划

政府在项目实施前应制订科学的项目规划。通过对项目的详细规划，明确项目的目标、任务和时间节点，为后续项目的实施提供清晰指导。

（2）专业项目团队

引入专业的项目管理机构或团队，确保项目管理体系的专业性。这包括项目经理、规划师、监测评估专家等，以便项目实施的每个环节都能够得到专业的支持。

（3）信息化管理

建立信息化的项目管理系统，实现项目信息的集中管理和实时监控。政府可投资建设项目管理信息系统，提高项目管理的效率和透明度。

2.监管机构设立

（1）独立监管机构

设立独立的监管机构，确保监管工作的独立性和公正性。该机构应由专业人士组成，对项目实施过程进行全程监管。

（2）定期检查与报告

监管机构定期进行对项目的检查和评估，并向上级政府和社会公布检查报告。通过透明的监管过程，提高社会对项目实施的信任度。

（3）问题通报和处理

及时发现项目中存在的问题，建立问题通报和处理机制。监管机构要向政府及时报告问题，政府则应制订科学的问题处理方案，确保问题能够迅速得到解决。

3.问题应急处理

（1）预案制定

针对可能出现的问题，政府应制定科学的问题应急处理预案。通过预案，政府可以在问题发生时迅速作出反应，减小问题对项目的负面影响。

（2）应急响应机制

建立灵活地应急响应机制，确保政府在问题发生时能够快速做出决策。包括召开紧急会议、调动相关资源等，在最短的时间内解决问题。

（3）问题总结与改进

在解决问题后，政府应进行问题总结，找出问题发生的原因，并制定改进措施。通过不断地改进，提高项目实施的质量和效率。

三、因地制宜的原则

（一）地理、人文、经济因素考虑

1.项目管理体系

（1）科学规划

政府在项目实施前应制订科学的项目规划。通过对项目的详细规划，明确项目的目标、任务和时间节点，为后续的实施提供清晰的指导。

（2）专业项目团队

引入专业的项目管理机构或团队，确保项目管理体系的专业性。这包括项目经理、规划师、监测评估专家等，以便项目实施的每个环节都能够得到专业的支持。

（3）信息化管理

建立信息化的项目管理系统，实现项目信息的集中管理和实时监控。政府可投资建设项目管理信息系统，提高项目管理的效率和透明度。

2.监管机构设立

（1）独立监管机构

设立独立的监管机构，确保监管工作的独立性和公正性。该机构应由专业人士组成，对项目实施过程进行全程监管。

（2）定期检查与报告

监管机构定期进行对项目的检查和评估，并向上级政府和社会公布检查报告。通过透明的监管过程，提高社会对项目实施的信任度。

（3）问题通报和处理

及时发现项目中存在的问题，建立问题通报和处理机制。监管机构要向政府及时报告问题，政府则应制订科学的问题处理方案，确保问题能够迅速得到解决。

3.问题应急处理

（1）预案制定

针对可能出现的问题，政府应制定科学的问题应急处理预案。通过预案，政府可以在问题发生时迅速作出反应，减小问题对项目的负面影响。

（2）应急响应机制

建立灵活地应急响应机制，确保政府在问题发生时能够快速作出决策。包括召开紧急会议、调动相关资源等，在最短的时间内解决问题。

（3）问题总结与改进

在解决问题后，政府应进行问题总结，找出问题发生的原因，并制定改进措施。通过不断地改进，提高项目实施的质量和效率。

（二）充分调研与评估

1. 地理调研全面展开

（1）土地利用科学评估

在项目实施前，政府应通过遥感技术、地理信息系统等科学手段展开土地利用调研。深入了解每个乡村的土地利用状况，包括耕地、林地、水域等，为后续建设方案提供科学依据。

（2）自然资源全面调查

进行自然资源的全面调查，包括水资源、矿产资源等。通过实地勘察和实验室分析，获取真实可靠的数据，为科学合理的资源配置提供支持。

（3）环境影响评价

进行乡村建设对环境的影响评估，综合考虑建设项目可能带来的环境问题。通过建立环境评估体系，及时发现并解决潜在环境风险，确保建设方案的环境友好性。

2. 社会评估多维度考量

（1）社会需求综合调查

在项目前期，政府应开展社会需求综合调查，了解农民的实际需求。通过开展问卷调查、座谈会等形式，收集社会各界对乡村建设的期望，确保建设方案符合广泛社会需求。

（2）文化习惯深度研究

政府要深入研究当地文化习惯，了解农民的生活方式、信仰、传统等。通过社会学、人类学等专业研究方法，为建设方案的文化融合提供深度支持。

（3）社会预期广泛参与

强调社会参与的广泛性，包括居民、专家、NGO等多方面的参与。通过建立社会参与机制，使农民更多地参与到乡村建设规划中，确保建设方案更具社会责任感。

3. 实际效果可持续评估

（1）定期效果评估机制

在项目实施后，建立定期的效果评估机制，对项目实际效果进行科学评估。通过经济、社会、环境等多个维度的指标，全面了解项目的效果，为调整提供决策支持。

（2）问题及时调整

针对评估发现的问题，政府要及时调整建设方案。通过设立问题反馈渠道，鼓励居民提出意见，确保项目实施过程中问题能够及时识别和解决，保证项目的可持续性。

（3）社会参与监督机制

强调社会参与和监督的重要性。建立独立的社会监督机构，接受社会的监督，确保评估结果的客观性和真实性。

（三）参与农民决策

1.农民代表大会设立

（1）代表产生机制

在建设方案制订阶段，政府应建立农民代表大会制度，通过公平选举方式产生农民代表。这确保了代表的代表性和公正性，使其能够真正反映农民的意愿。

（2）决策公开透明

农民代表大会应实现决策的公开透明，确保农民了解决策的全过程。政府可以通过媒体、网络等途径及时公布决策信息，提高农民对决策的理解和认同感。

（3）主体地位体现

农民代表大会制度要真正体现农民的主体地位。通过设立法定的议事规则和程序，保障代表在决策过程中的发言权和表决权，使决策更加民主和平等。

2.座谈会与沟通机制

（1）定期座谈会组织

政府要定期组织座谈会，邀请农民代表和农民群众参与。这种面对面的沟通方式能够更加深入地了解农民的真实需求，为制订更符合实际的建设方案提供依据。

（2）双向沟通机制建立

建立双向沟通机制，使政府与农民之间形成有效的信息传递。政府要积极回应农民的疑虑和建议，确保信息的及时传递，增进政府与农民的互信关系。

（3）问题解决机制

在座谈会中，政府要建立问题解决机制。及时解答农民提出的问题，积极参与矛盾的调解，确保座谈会不仅是沟通平台，更是问题解决的机制。

3.问卷调查广泛开展

（1）科学问卷设计

政府应制订科学合理的问卷调查方案，全面了解农民对乡村建设的期望。通过结构合理、问题清晰的问卷，获取准确的数据，为制订因地制宜的建设方案提供直接参考。

（2）广泛征求农民意见

问卷调查要广泛开展，覆盖不同年龄、职业、教育程度的农民。确保样本具有代表性，避免信息偏差，使调查结果更具科学性和可信度。

（3）直接参考建设方案

问卷调查的结果应直接参考建设方案的制订。政府要充分倾听农民的声音，将其期望和需求融入建设方案中，使方案更加贴近农民的实际需求。

第五章 内蒙古建设宜居宜业和美乡村的实践进程

第一节 乡村基础设施改观

长期以来，在城乡社会二元管理体系、地理因素、经济发展状况等条件的综合作用下，内蒙古农村地区的基础设施建设基础薄弱且速度缓慢，由此带来的直接后果是农村生产对自然环境依赖性极强、农民生活闭塞、生产生活方式落后僵化等状况。为解决上述问题，内蒙古自治区政府着力推进乡村建设，出台《农村牧区人居环境整治提升五年行动实施方案（2021—2025 年）》《内蒙古自治区党委、自治区人民政府关于实施乡村振兴战略的意见》《内蒙古自治区党委、自治区人民政府关于做好 2023 年全面推进乡村振兴重点工作的实施意见》等，重在统一建设重点基础设施，为农村地区带来良好的水、电、路、网、通信等基础设施，带动乡村村民的生产生活水平提高，弥补宜居宜业和美乡村建设的发展劣势，整体提升农村的基础设施以及生存环境。

一、内蒙古地区区域概况

内蒙古自治区呈狭长形，其地域辽阔，占地面积高达 118.3 万平方公里；地处北部边疆，与蒙古国及俄罗斯接壤；是共建"一带一路"的重要节点。内蒙古自治区地貌类型丰富，包括山脉、湿地、沙漠、草原、盆地等。内蒙古自治区共有 103 个旗县，据统计 2016 年总人口达 2520.13 万，其中乡村人口数量为 978.06 万。近年来，在国家政策支持下，内蒙古自治区加快推进乡村旅游业发展，通过自然资源与草原文化及民风民俗相结合，开发乡村旅游新模式，对带动当地经济，促进农民增收有重要的现实意义。目前超过 15 万人从事乡村旅游业，覆盖 400 多个乡镇。

（一）地理与自然资源

1.地理概况

首先，内蒙古自治区的地理位置优越，成为中国北方的重要门户。位于中国的北部边疆，与蒙古国及俄罗斯接壤，形成了狭长形的地理格局。这一地理位置使得内蒙古在国家战略中具有特殊的地缘优势，成为连接中国与周边邻国的纽带，为区域经济合作和文化交流提供了有力支持。

其次，内蒙古自治区地域广阔，总面积达 118.3 万平方公里。这一广阔的地域不仅包括了内陆的丰富资源，还涵盖了多样的地貌和自然景观。从西至东，内蒙古的地理特征呈现出多层次的变化，为其丰富的生态系统和自然资源提供了坚实基础。

再次，内蒙古的地理多样性展现在其丰富的地貌和自然景观上。包括壮丽的山脉、宽广的湿地、广袤的沙漠、辽阔的草原以及深邃的盆地等。阿拉善腹地的巍峨山脉、呼伦贝尔草原的辽阔无垠、库伦河湿地的宁静祥和，构成了内蒙古独特的自然画卷。这种多样性不仅为当地居民提供了丰富的自然资源，也为乡村旅游业的发展创造了得天独厚的条件。

最后，内蒙古的地理格局形成了丰富多彩的自然风光。在内蒙古的广袤土地上，沙漠的金黄与草原的翠绿相辉映，湖泊与草地交相辉映，构成了壮美的自然景观。另外，这一地理多样性也为农牧业提供了不同的自然条件，影响着当地居民的生产生活方式。

2. 自然资源丰富

首先，内蒙古的草原资源占据着举足轻重的地位。广袤的草原是内蒙古一张独特的自然名片，不仅是畜牧业的发源地，也是蒙古族传统的牧业经济生活的基石。这片肥沃的土地上生长着茂密的青草，为畜牧业提供了丰富的食物资源，支撑着内蒙古丰富的畜牧业产业。另外，草原的广袤还为乡村旅游提供了得天独厚的条件，吸引着游客来体验蒙古族的牧民生活，感受大草原的辽阔和美丽。

其次，内蒙古的沙漠资源丰富。诸如巴丹吉林沙漠、科尔沁沙地等地形各异的沙漠景观构成了内蒙古独特的自然风光。这些沙漠地区，尽管干燥而贫瘠，但蕴含着独特的生态系统和悠久的地质历史。在科学地管理下，沙漠地区的开发利用成为可能，为当地经济的多元化和可持续发展提供了新的机遇。

再次，内蒙古的湖泊资源丰富。众多湖泊如呼伦湖、贝尔湖、乌梁素海等分布在内蒙古的大地上，丰富了这片土地的水域景观。湖泊是重要的水资源库，也是当地生态系统的重要组成部分。这些湖泊的景观各异，有的碧水连天，有的宛如明镜，为内蒙古增添了自然的风光，也为水产养殖和湿地保护提供了广阔的空间。

最后，内蒙古的森林资源虽相对较少，但有其独特之处。特别是位于阿拉善盟的阿拉善沙地，通过治理和保护，如今已经呈现出一片绿洲，成为荒漠生态恢复的典范。这表明内蒙古在自然资源的保护与合理利用方面取得了一定的成就。

（二）民族文化和社会风情

1. 多民族聚居地

首先，内蒙古自治区是蒙古族的主要聚居地。蒙古族是内蒙古最大的民族群体，他们在这片土地上形成了独特的牧业文化。蒙古族以游牧为主，过着半农半牧的生活，形成了丰富的牧歌舞蹈和民族传统艺术，如马头琴、长调音乐等。蒙古族的民居以蒙古包为代表，这种圆顶帐篷不仅具有独特的建筑风格，也适应了草原上变化多端的气候条件。

其次，鄂伦春族是内蒙古的另一重要少数民族。主要分布在呼伦贝尔草原地区，鄂伦春族以狩猎、捕鱼、游牧为主要生活方式。他们的生活充满着对大自然的依赖，传统的狩猎技艺和民族服饰展现了鄂伦春族独特的生活风貌。鄂伦春族的语言、宗教信仰等方面也保留着浓厚的民族特色。

再次，鄂温克族是内蒙古的又一少数民族。主要分布在额尔古纳河一带，他们是典型的游牧民族，以牧业为主要生计。鄂温克族的传统服饰不仅色彩鲜艳，富有民族特色，而且在宗教、婚嫁习俗等方面有着独特的传统。

最后，内蒙古还有其他一些少数民族，如达斡尔族、蒙古鄂温克族等。每个少数民族都有着自己的语言、宗教信仰、传统节日等，形成了多元的文化景观。这些少数民族的共同生活和相互交融，使内蒙古成为一个多元文化共生的地方。

2.民族文化的多样性

首先，阿拉善蒙古族保留了半农半牧的独特生活模式。阿拉善蒙古族主要分布在内蒙古的阿拉善盟，这一地区地形复杂，包含了沙漠、草原和山地等多种自然景观。在这样的自然环境下，阿拉善蒙古族形成了半农半牧的生活方式。他们既从事农业生产，种植适应沙漠环境的作物，又依赖牧业，以适应草原地区的特殊气候条件。这种独特的生活方式使得阿拉善蒙古族的文化具有鲜明的地方特色。

其次，土尔扈特蒙古族以游牧为主。这一蒙古族分支主要分布在内蒙古的锡林郭勒盟、赤峰市等地。土尔扈特蒙古族传承着典型的游牧文化，他们以牧业为主要经济活动，饲养牛、羊等牲畜。这种游牧生活方式使得他们对自然环境有着更为深厚的认识，形成了独特的草原文化。

再次，硕特族有祭驼习俗。硕特蒙古族主要分布在内蒙古的锡林郭勒盟和阿拉善盟，他们的文化中保留了祭驼的传统习俗。祭驼是硕特族人民重要的宗教仪式，通过这一仪式，他们向神灵祈求风调雨顺、畜牧丰收。祭驼习俗不仅是一种宗教信仰的表达，也是对自然环境的敬畏和对生活的祈愿，体现了硕特族深厚的草原宗教文化。

最后，内蒙古还有其他蒙古族分支，如达斡尔族等，每个分支都有着自己独特的文化传统。他们的生活方式、服饰、语言、宗教等方面都有细微的差异，这些差异丰富了内蒙古的民族文化。例如，达斡尔族是内蒙古的另一重要少数民族，主要分布在呼伦贝尔草原地区，他们以渔猎为主要生活方式，形成了独特的水源文化。

3.草原文化的体现

首先，草原文化在蒙古族的生活中得以充分体现。草原是蒙古族主要的生活环境，他们的文化与草原紧密相连。蒙古族人热情豪爽，喜欢通过各种艺术形式表达对自然的热爱和对生活的热情。其中，马舞是蒙古族文化的重要组成部分，通过马舞，蒙古族人展现了他们与马紧密相连的生活方式。马舞不仅是一种艺术表演，更是对马的敬意和对游牧文化的传承。

其次，游牧文化贯穿蒙古族的各个方面。游牧文化是草原民族的独特标志，而在内蒙古自治区，这种文化得到了充分的展现。蒙古族人以牧业为主要经济活动，他们的居住方式、饮食习惯、服饰等方面都与游牧生活密切相关。蒙古族人的蒙古包，就是游牧文化的象征之一，它既适应了草原的环境，又反映了游牧生活的简朴和灵活。

再次，蒙古族的蒙元文化在艺术表演中得到生动展现。蒙元文化是指元代蒙古帝国时期的文化，它在蒙古族的传统中占有重要地位。在各种艺术表演中，蒙元文化的元素常常得到运用。安代舞是其中之一，这是一种古老的传统舞蹈，通过舞蹈动作和服饰展示了元代的风采。长调音乐是另一重要的表演形式，通过特有的音乐元素，蒙古族人传承了元代音乐的精髓，使其在当代得以保留和发扬。

最后，手工艺方面的草原文化体现在木碗、蒙古刀的制作上。木碗是蒙古族人生活中常用的器皿，通过手工艺巧妙制作，不仅满足了实用需要，也展现了草原人民对生活的精致追求。蒙古刀则是蒙古族人的重要工具，它的制作工艺精湛，刀身雕刻着独特的图案，体现了蒙古族人对传统工艺的珍视和传承。

（三）历史文化和社会发展

1.历史悠久的发展

首先，内蒙古自治区的历史可以追溯到战国时期。在这个时期，游牧的北方民族已经在内蒙古高原上建立了自己的生活方式和社会组织。这些民族在广袤的草原上形成了独特的游牧文化，为后来的历史发展奠定了基础。

其次，秦汉时期内蒙古地区是中原人和匈奴民族的共同生活场所。这一时期，内蒙古地区成为不同文化和民族交流的重要区域。中原人和匈奴民族在这里进行了文化的碰撞和融合，形成了多元化的文化格局。这标志着内蒙古地区成为中国北方历史发展的重要一部分。

再次，通过游牧文化、移民文化及农耕文化的发展演化，内蒙古形成了两种截然不同的文化模式。游牧文化在草原地区深深扎根，成为当地民族的主要生活方式。与此同时，一部分地区逐渐出现了农耕文化，为农业经济的发展奠定了基础。这两种文化模式相互交织，共同构成了内蒙古的文化面貌。

最后，内蒙古自治区在历史上经历了多次政治和文化的变迁。成吉思汗的统一、元代的建立，以及后来的清代统治，都在不同程度上影响了内蒙古地区的历史进程。这里涌现出了一系列的历史人物和事件，如成吉思汗的崛起、元上都的建设等，这些都为内蒙古的历史增添了丰富的内涵。

2.文化的碰撞、融合、影响

首先，内蒙古地区的文化碰撞体现在不同民族的交流和相互影响。在战国时期，游牧的北方民族在这片地区生活，形成了游牧文化的特色。与中原文化的交往促使了两者文化元素的相互渗透，这种文化碰撞在内蒙古地区产生了丰富多彩的文化景观。

其次，成吉思汗的崛起和统一，对内蒙古文化产生了深远的影响。成吉思汗统一了各部族，建立了元朝，形成了独特的蒙古文化。这一时期，蒙古族的政治、经济、文化等方面都取得了显著的成就，形成了具有统一性的文化风格，为内蒙古的文化传承奠定了基础。

再次，蒙古文化在内蒙古地区融合了游牧文化和农耕文化的特点。在元朝时期，由于农耕文化逐渐在一部分地区兴起，这两种文化在内蒙古地区发生了融合。草原上的游牧生活和一部分地区的农耕生活相互交织，形成了多元化的文化格局，这种融合为后来的文化发展提供了丰富的内涵。

最后，历史上的政治统治和文化变迁，为内蒙古地区的文化发展留下了深刻的烙印。一些历史人物和事件成为内蒙古文化的一部分，为当地的乡村旅游提供了丰富的历史资源。

3.文化资源的发展

首先，内蒙古自治区的丰富自然资源为文化发展提供了土壤。这片广袤的土地孕育了丰富的草原文化、游牧文化和蒙元文化。自然景观如草原、沙漠、湖泊等为当地民族的生活方式和文化传承提供了独特的背景，为形成多元化的文化资源奠定了基础。

其次，内蒙古的民族文化资源为乡村旅游提供了独特的体验。蒙古族的祭奠敖包、那达慕大会等传统活动，以及蒙古袍服饰等独具特色的文化元素，形成了当地特色的民族表演和旅游观光。游客可以通过参与这些活动，深度了解当地的历史、文化和民俗，丰富了乡村旅游的内涵。

再次，内蒙古的文化资源在乡村旅游业中发挥了重要作用。这些民族文化资源成为吸引游客的亮点，为当地乡村旅游业注入了新的活力。游客不仅能够欣赏到独特的文化表演，还能参与民族传统活动，亲身感受这片土地的文化魅力，推动了乡村旅游的可持续发展。

最后，内蒙古的文化资源与自然景观相互交融，形成了独特的旅游魅力。游客不仅可以欣赏到草原的美丽风光，还能够沉浸在丰富多彩的民族文化中。这种多层次、多元化的旅游资源不仅为乡村旅游提供了广阔的发展空间，也促进了当地乡村的经济繁荣。

二、问题分析与政策推动

经统计，"十四五"期间，为解决农村地区基础设施不完善的问题，内蒙古开展了相应的基础设施完善、农村重点扶持产业、社会发展事业等相关项目，共计1398个，并计划2023年完成3168个；改造了15631户农村危旧住房；农村集中用水取水点与村改水项目共计966个，经过修整的边沟长度为147万延长米，硬化了17.5万公里的农村道路，初步达成村村通路的发展目标，有效解决了农村道路交通问题（见表5-1）。

表5-1 "十四五"以来内蒙古乡村基础设施建设情况

项目名称	数量	项目名称	数量
农村道路硬化	17.5万公里	新建休闲广场	32个
改扩建村部	1051个	安装路灯	7.6万盏
新建卫生所	765个	村改水工程	966处
危房改造	15631户	修正边沟	147万延长米
农牧户牧区建设	3200万亩	/	/

（一）问题分析

1.城乡社会二元管理体系的影响

城乡社会二元管理体系是指城市和农村存在着明显的管理体制差异，城市和农村在政府管理、资源配置、公共服务等方面存在不平衡的现象。这一体系导致了在资源分配和政策支持上存在明显的城乡差异。

城乡二元管理体系使得政府更倾向于将资源和资金集中在城市地区，导致农村基础设施建设缺乏足够的支持。城市的快速发展与农村滞后形成鲜明对比，农村基础设施长期无法满足需求。

2.地理因素对基础设施的影响

（1）地理因素的综合分析

内蒙古地域辽阔，包括山脉、湿地、沙漠、草原等多种地貌。地理条件的多样性给基础设施建设带来了挑战。例如，地形复杂导致交通建设难度增加，气候差异使得某些基础设施更容易受到自然灾害的影响。

（2）地理因素对基础设施建设的限制

地理因素直接影响基础设施的布局和建设难度，导致农村地区某些区域基础设施建设滞后。例如，湿地地区的基础设施建设可能受到环保政策限制，沙漠地区的基础设施建设受到沙尘暴等自然灾害的威胁。

3.经济发展状况对基础设施的制约

（1）农村经济现状

农村地区相对城市经济发展滞后，主要依赖传统农业，产业结构较为单一，缺乏新兴产业的支撑。这影响了农村对基础设施建设的投入和需求。

（2）经济状况对基础设施建设的制约

由于农村经济水平相对较低，政府财政收入较有限，限制了对农村基础设施建设的资金投入。同时，农民对基础设施的需求有限，使得基础设施建设难以得到足够的社会支持。

经济结构的调整，提高农村居民的收入水平。政府应该通过制定差异化的政策，鼓励和引导更多的资金投入农村基础设施建设，促进乡村经济的全面发展。

4.基础设施滞后导致的问题

（1）农村基础设施滞后状况

农村基础设施滞后表现为水、电、路、通讯等方面的不足，影响了农村生产、生活和交流。例如，缺乏良好的道路交通会限制农产品的流通，缺水和电力不足会制约农业生产。

（2）基础设施滞后对农业产值的影响

基础设施滞后使得农业更加依赖自然条件，一旦受到气候等自然因素的不利影响，农业产值就容易波动较大，增加了农民的经营风险。

（3）基础设施滞后对生产生活方式的影响

农村基础设施滞后导致农民的生产方式相对滞后，缺乏现代农业技术支持，生产效率低下。生活方式上，缺乏现代化的基础设施会导致农民生活水平相对较低，缺乏便利性。

5.环境依赖性带来的挑战

（1）基础设施滞后与环境依赖性的关系

基础设施滞后使得农村更加依赖自然环境，缺乏先进的灌溉系统、农业机械等设施，增加了对天气、气候等环境因素的过度依赖。

（2）环境依赖性对农业产值的影响

农业对自然环境的高度依赖使得农业产值容易受到气候变化、自然灾害等因素的影响。基础设施滞后导致应对这些环境挑战的手段相对匮乏，增加了农业经济的不稳定性。

（二）农村振兴政策推动

为解决上述问题，内蒙古自治区政府出台了一系列农村振兴政策，着力推进乡村建设。主要政策包括以下几个方面内容。

1.《农村牧区人居环境整治提升五年行动实施方案（2021—2025年）》

（1）方案背景和目标

在这一政策框架下，内蒙古自治区政府着眼于改善农村人居环境，提升农村居民的生活条件。该方案的核心目标在于通过五年的实施，全面提升农牧区人居环境，让农民享受到更好的住房、交通、水电等基础设施条件，从而提高其生活品质。

（2）重点政策措施

住房改善与建设：通过修缮危旧房屋、新建宜居住房，提供农民更安全、更舒适的居住条件。

交通基础设施建设：加强农村道路硬化、修复工程，实现更多乡村通路，方便农民出行和农产品运输。

水电设施升级：改善农牧区的水源供应，提高农村电力设施的可靠性，确保农业生产和居民生活的正常运行。

通过该方案的实施，农牧区人居环境得到了显著改善，为农民提供了更好的生活条件。然而，还需要进一步加大力度，确保方案的全面有效实施。

2.《内蒙古自治区党委、自治区人民政府关于实施乡村振兴战略的意见》

（1）战略意见的整体框架

这一政策文件制定了内蒙古自治区在乡村振兴方面的总体思路和政策方向。其中，基础设施建设被明确为推动农村振兴的重要支撑，涉及农村交通、水利、能源等多个方面。

（2）重点政策内容

基础设施建设支持：加大对农村基础设施的财政支持力度，确保农民能够享受到与城市相当的基础设施服务水平。

产业扶持与升级：推动农村产业结构的升级，引导资金投入新兴产业和现代农业，促进农民经济的多元发展。

这一政策文件为实施乡村振兴提供了系统性的战略指导，但需要在实际执行中注重细化政策，确保各项政策得到有力的贯彻实施。

3.《内蒙古自治区党委、自治区人民政府关于做好 2023 年全面推进乡村振兴重点工作的实施意见》

（1）工作意见的背景和目标

这一文件是对 2023 年全面推进乡村振兴的具体工作安排，着重明确了在该年度内的工作重点。在其中，基础设施建设依然被列为推进乡村振兴的关键领域。

（2）具体工作计划

基础设施投资计划：制订具体的基础设施投资计划，确保在 2023 年内完成一定数量的道路、水利、电力等基础设施建设项目。

技术培训与推广：加强对农民的技术培训，推广先进的农业生产技术，提高农业生产效益。

这一实施意见为 2023 年的工作提供了清晰的方向和任务，但需要注重实际执行，确保工作任务按计划完成。同时，需要对基础设施建设的实际效果进行评估，不断调整和优化政策。

三、项目实施与成果展示

（一）项目实施情况

1.基础设施完善项目

内蒙古自治区在"十四五"期间通过开展基础设施完善项目，共计 1398 个。这一系列项目涵盖了水、电、路、网、通信等多个领域，旨在全面提升农村基础设施水平。通过这些项目的实施，农民将能够享受到更加便捷和高效的生产生活条件。

（1）水利设施建设

其中，农村水利项目是关键领域之一。通过建设 966 个农村集中用水取水点与村改水项目，全面改善了农民的用水环境。147 万延长米的边沟修整不仅解决了农民的饮水问题，而且提高了农业灌溉效率，有力促进了农村经济的可持续发展。

（2）道路硬化工程

在基础设施完善项目中，道路硬化工程也占有重要地位。全区范围内硬化了 17.5 万公里的农村道路，初步实现了村村通路的目标。这不仅提高了农民的出行便利性，还为农产品的流通提供了更为便捷的交通条件。

2.农村危旧住房改造

为改善农民的住房条件，内蒙古自治区在"十四五"期间着力推进农村危旧住房改造。共计 15631 户农村危旧住房得到改造，这项工程不仅提高了农民的居住环境，也有效改善了农村的整体人居条件。

（二）成果展示

1. 农村道路硬化成果展示

（1）显著提升地硬化农村道路

在"十四五"期间，内蒙古自治区通过农村道路硬化项目取得了显著成果。全区范围内硬化了 17.5 万公里的农村道路，有效解决了农民出行问题。这一成果不仅提高了农民的出行便利性，也使农产品的运输更为便捷，为农业生产提供了坚实的交通保障。

（2）交通便利促进农业生产

硬化农村道路的实施使得农民在恶劣天气条件下也能顺利出行，保证了农业生产的正常进行。农产品运输更加高效，减少了损耗，为农业产值的提升创造了有利条件。

2. 水利设施建设成果展示

（1）可靠地用水保障

在水利设施建设方面，966 个农村集中用水取水点与村改水项目的建设为农民提供了可靠的用水保障。这一成果不仅改善了农民的生活条件，还在农业生产中发挥了关键作用。

（2）提高农业灌溉效率

水利设施的建设不仅使农民获得了更为便捷地用水条件，同时提高了农业灌溉效率。科学合理地水资源利用为农田提供了足够的水源，促进了作物的正常生长，有力促进了农业产值的提升。

3. 危旧住房改造成果展示

（1）明显改善的居住环境

通过对 15631 户农村危旧住房的改造，农民的居住环境得到了明显改善。新的住房结构不仅更加安全，而且拥有更为舒适的居住空间，为农民创造了更好的生活条件。

（2）提升的生活品质

危旧住房改造项目的实施不仅提高了农民的住房条件，还直接提升了农民的生活品质。新居所带来的舒适和安全感使农民更加愿意投身于农业生产和其他社区活动，促进了社区的发展。

通过这一系列项目的实施，内蒙古农村地区的基础设施水平得到了显著提升，为农民提供了更好的生产、生活条件，同时为农村振兴奠定了坚实基础。

第二节　乡村村容村貌改善

内蒙古建设宜居宜业和美乡村目标的直观呈现便是村容村貌，而村容村貌也是村民群体最为关心的主要问题之一。在过去中，内蒙古大部分农村地区存在着垃圾乱丢乱扔、水电路网欠缺、沟渠卫生污染、随意堆放柴草、院落堆放大量杂物等问题，严重影响农村基本环境。这些问题对广大村民的日常生活造成了较大的困扰，阻碍了乡村环境改善工作的推进。为彻底根除以上问题，内蒙古每年定期推进专项集中整治活动，着重解决复杂的农村环境卫生问题，有效提升了内蒙古美丽乡村建设的中乡村村容村貌。

一、农村村容村貌改善的背景

（一）农村环境问题的严峻性

在过去，内蒙古大部分农村地区存在着诸如垃圾乱丢乱扔、水电路网欠缺、沟渠卫生污染、柴草随意堆放等问题，这些问题直接影响了农村居民的日常生活，加剧了农村基本环境的恶化。"十四五"期间，内蒙古启动了"十县百乡千村"示范引领行动，通过试点发挥模范引领价值，该行动覆盖了13个旗县、101个苏木乡镇、1047个嘎查村，由点及面，逐步推进至其他区域，共同着力于构建内蒙古的美丽乡村。（见表5-2）。

表5-2 "十四五"期间内蒙古美丽乡村建设成效

类别	名称	数量
建设情况	魅力乡村	40个
	精品村	173个
	标兵村	201个
	美丽庭院	1.2万户
	干净人家	2.9万户
	农村环境清洁率	80%
建设成效	全国美丽乡村建设试点行政村	8个
	国家级生态乡镇	56个
	全国文明村镇称号	27个

（二）农民生活质量的提升需求

1.农民生活质量的提升需求

首先，农村环境与日常生活质量联系紧密。农民的日常生活质量直接受农村环境的影响。一个清洁、宜居的环境有助于改善农民的居住条件，减少疾病传播的风险，提高居民的身体健康水平。同时，美丽的农村环境增强了农民的生活满意度，激发了他们对美好生活的追求。

其次，乡村振兴战略的全面实施。改善农村环境是乡村振兴战略的重要组成部分。通过提升乡村村容村貌，不仅能够吸引更多的人才回乡创业，还能够促进农村旅游业的发展，带动农村经济的全面提升。因此，提高农民的生活质量不仅是一种社会责任，也是实现农村振兴目标的必然选择。

2.农村振兴与环境改善的关联

首先，宜居环境对农民生产积极性的影响。改善农村环境，创造宜居的农村生活环境，有助于提升农民的生产积极性。良好的环境不仅提高了居民的生活质量，还使农民更加热爱自己的家园，更有动力参与农业生产和农村建设。

其次，美丽的农村环境促进农村经济可持续发展。美丽的农村环境是吸引游客和投资的重要因素。农村振兴需要发展新的产业，提高农村的经济效益。通过打造美丽的农村环境，吸引游客、投资者，推动农村经济的可持续发展，为农民提供更多的发展机遇。

3.农村环境改善的实施与效果

（1）推动农民生活质量提升的实施策略

首先，提高垃圾处理和清洁卫生设施的水平，创造一个清洁、整齐的村庄环境，从而改善农民的生活品质。

其次，建设更多的公共服务设施，如健康服务站、文化活动场所等，为农民提供更多的生活便利，提高他们的幸福感。

（2）环境改善对农民的积极影响

首先，良好的农村环境不仅提高了农民的居住质量，还促使他们更加关心和投入农业生产中。这有助于提高农业产值，推动农村经济的发展。

其次，美丽的农村环境吸引了更多的游客和投资者，为农民创造了更多的就业机会，提升了农村的整体经济水平。

二、农村村容村貌改善的实施

（一）专项集中整治活动

1.确定整治重点

首先，在专项集中整治活动之初，需要对农村环境问题进行全面深入地调查研究，明晰问题的根源。这包括对垃圾处理、水污染、农村道路硬化、危旧住房等方面进行细致的问题排查，确保整治活动的有针对性。

其次，确定整治重点时，需要充分综合考虑影响环境质量的多个因素，包括地理特征、气候条件、农业结构等。这有助于科学合理地确定整治的优先方向，提高整治的效果。

2.制订整治方案

首先，在整治方案的制订过程中，需要科学规划整治的步骤，确保每个环节都能有序推进。这可能包括先从垃圾治理开始，再逐步扩展到水污染、道路硬化等方面，形成有机衔接的整治流程。

其次，整治方案要具备可持续性，不仅要解决眼前问题，还要考虑长远效应。可通过引入环保科技、发展可再生能源等手段，使整治效果能够在未来得以保持。

3.资金投入与政策支持

首先，为保障专项集中整治活动的有效推进，需要充足的资金投入。政府可以通过设立专项资金、吸引社会投资等途径来保障资金的充足性，确保整治活动不受资金瓶颈的限制。

其次，政府应制定激励政策，鼓励农民积极参与整治活动。这可以通过提供税收优惠、土地流转支持等方式，激发农民的积极性，使整治活动得到更广泛的参与。

4.组织实施

首先,组织专业团队,包括环保专家、工程技术人员等,进行实地勘察和测绘工作。这有助于科学规划整治方案,确保整治活动的技术可行性。

其次,积极动员农民参与整治活动,形成合力。可以通过开展宣传教育活动、设立奖励机制等方式,增强农民的参与意愿,推动整治活动的顺利实施。

5.定期检查评估

首先,在整治活动过程中,设立定期检查机制,对整治进展进行定期评估。这可以通过建立监测站点、定期发布环境质量报告等方式,及时了解整治效果。

其次,通过定期检查评估,及时发现问题和不足,调整整治策略。这有助于在整治活动中保持灵活性,确保整治效果的最大化。

(二)"十县百乡千村"示范引领行动

1.选择示范区域

(1)科学选址

在选择示范区域时,要通过科学的评估手段,确定农村环境问题相对突出或有改善基础的区域。这可能涉及对垃圾处理、水污染、危旧住房等方面进行全面排查,形成选择的科学依据。

(2)考虑区域特点

选择的示范区域要充分考虑地理、经济、文化等方面的特点。这有助于制订更符合当地实际情况的整治方案,提高整治的可行性和效果。

2.制订示范方案

(1)差异化制订方案

制订示范方案时,首先要考虑示范区域的地方差异性。不同区域的经济水平、自然环境存在差异,因此需要制订差异化的整治方案,以确保整治措施的实际效果。

(2)综合考虑多方面因素

示范方案需要综合考虑多方面因素,如环境质量、社会经济状况、农民生活方式等。科学规划整治方案,确保在解决一个问题的同时不引发其他问题的产生。

3.实施示范工程

(1)组织协同实施

在示范区域内,要组织协同实施示范工程。这可能涉及基础设施建设、农村环境整治、危旧住房改造等多个方面。协同实施有助于形成整体效应,提高治理的综合效果。

(2)培养农民环保意识

示范工程的实施还应注重农民的参与,通过培训、宣传等方式,提高农民对环保的认知,激发他们积极参与农村环境治理的热情。

4.推广经验

（1）总结成功经验

在示范区域取得成功经验后，要进行总结。明确成功的因素，找出可复制的模式，为推广提供理论和实践基础。

（2）建立推广机制

通过培训、交流会议、宣传等方式，建立起推广机制。制订推广计划，明确推广的目标区域，确保示范经验能够在更广泛的范围内得到应用。

5.定期评估与调整

（1）建立评估体系

在示范引领行动过程中，要建立完善的评估体系。制定评估指标，定期收集示范区域的数据，以科学客观的方式评估整治效果。

（2）根据评估结果调整方案

通过定期评估，得出整治效果的实际数据。根据评估结果，及时调整示范方案，保证整治活动能够持续有效。这包括可能的技术调整、政策优化等方面。

通过专项集中整治活动和"十县百乡千村"示范引领行动，内蒙古在农村村容村貌改善方面取得了显著的实施成果。这不仅为农民提供了更好的生活环境，也为全面推进乡村振兴提供了坚实的基础。

三、农村村容村貌改善的成果

（一）厕所革命的推进

1.不同区域的发展策略

（1）城市近郊区的策略

在城市近郊区，内蒙古的厕所革命致力于解决基础条件完善但地理位置偏远的问题。政府通过一系列措施确保农民能够充分享受到厕所革命的红利。首先，强调交通建设，包括修建更多的道路和桥梁，提高交通便利度。其次，通过加强基础设施建设，如水电路网等，确保城市近郊区农民能够便捷地享受到厕所革命带来的便利。这一策略旨在打破地理壁垒，使农民更好地融入现代社会和经济生活。

（2）经济发展基础薄弱区域的策略

在经济发展基础薄弱的区域，内蒙古采取了有针对性的策略，以确保资源得到合理配置，使农民在厕所革命中获得更大的实惠。这包括提供更多的财政支持，确保改革的可行性。此外，通过技术培训和创造更多的就业机会，促进农民更好地融入当地的社会和经济体系，实现全面的农村振兴。

2.多元化的解决方案

（1）污水处理的多元化方案

为适应不同区域的需求，内蒙古实施了多元化的污水处理方案。针对不同地区的特点，采用了污水管网中统一处理、分散处理和集中处理等多种方式。在人口密度较大的地区，倡导统一处理，而在人口较为分散的地区，更倾向分散处理。这种灵活的方案使得污水处理更具可操作性和实效性。

（2）资源综合利用

在厕所革命中，内蒙古注重资源综合利用。对厕所粪污，通过不同的处理方式，如在污水管网中统一处理、分散处理、集中处理等，最大化地转化为可利用的资源。这一策略不仅有助于环境保护，还为农村地区提供了更多的可再生资源。

3.提高农民生活质量

（1）改善卫生设施

推进厕所革命直接改善了农民的生活质量。通过提供更为先进和清洁的卫生设施，农民的居住环境得到显著提升。这不仅提高了生活的便利性，还有助于降低疾病传播风险，为农村地区的公共卫生作出了积极的贡献。

（2）提升社会融入感

改善卫生设施不仅仅是为了解决实际问题，更是为了提升农民的社会融入感。通过与城市近郊区和经济发展基础薄弱区域的不同策略，农民可以更好地融入现代社会和经济体系，从而提高他们的社会地位和生活品质。

（二）生活垃圾治理的成果

1.非正规垃圾堆放点的治理

（1）治理目标与规模

内蒙古在生活垃圾治理方面取得显著成果，通过专项整治活动成功完成了对900个非正规垃圾堆放点的治理。这一规模庞大的治理工作，凸显了内蒙古对农村环境卫生问题的高度重视，为提升农村居民生活质量奠定了坚实基础。

（2）改善环境与生态效益

治理非正规垃圾堆放点不仅在数量上取得了显著成绩，更重要的是其带来的环境与生态效益。治理活动有力地改善了农村环境，减少了垃圾对当地生态系统的不良影响。这对维护生态平衡、提高土地资源的可持续利用率具有深远意义，为农村地区的可持续发展奠定了基础。

（3）推动农村可持续发展

治理非正规垃圾堆放点的成功实施，不仅是对环境问题的有力回应，更是推动农村地区可持续发展的有效举措。通过清理整治，农村地区的生态环境得以修复，提高了农业生产的质量和效益，为实现乡村振兴战略注入了新的活力。

2.行政嘎查村生活垃圾的有效处理

（1）村庄保洁员制度的建立

内蒙古在行政嘎查村生活垃圾治理方面引入了村庄保洁员制度，为有效处理生活垃圾问题提供了可行性的解决方案。该制度旨在通过专业的保洁员团队，有计划、有序地进行垃圾处理，使农村地区的生活垃圾处理更加规范、高效。

（2）经济与就业双丰收

村庄保洁员制度的实施不仅在治理生活垃圾上取得了成果，同时为农村地区创造了就业机会。这一创新性的举措，促进了农村地区的经济发展，为农民提供了一种可持续的收入来源，进一步推动了当地经济的繁荣。

（3）垃圾治理与经济联动

村庄保洁员制度的成功建立使得垃圾治理与经济发展实现了良性联动。通过垃圾的有序收集、分类和处理，生活垃圾逐渐转化为可回收资源，为循环经济模式的建设提供了可行路径。这种联动效应不仅提高了垃圾的综合利用率，还为农村地区的经济可持续性发展注入新的动力。

通过治理非正规垃圾堆放点和建立村庄保洁员制度，内蒙古在生活垃圾治理方面取得了显著成果。这些成果不仅在环境卫生上带来了显著改善，同时为农村地区的经济发展和可持续性发展打下了坚实基础。

（三）水污染治理的进展

内蒙古将水污染治理与改厕工作同步推进，确保治理的全面性。通过采用适应不同区域特点的污水处理模式，有效降低了农村牧区的黑臭水体问题，提高了水环境的质量。这有助于保护农田水源，提高农业产值，实现了经济与环境的协调发展。

1.治理模式的合理选择

内蒙古在水污染治理中采取了因地制宜的策略，通过科学合理地选择不同区域的污水处理模式，确保治理的高效性和全面性。这体现了对地方差异性的深刻理解，为水环境治理提供了可行的路径。

2.同步推进与全面治理

水污染治理与改厕工作的同步推进是内蒙古的一项重要措施。这种同步性确保了治理的全面性，不仅解决了卫生问题，还有效减轻了农村水体污染。通过协同推进，内蒙古实现了水污染治理的全面性，为农村地区提供了更清洁、更健康的水源。

3.适应不同区域的污水处理模式

内蒙古在水污染治理中强调适应不同区域特点的污水处理模式。针对城市近郊区、基础条件完善但地理位置偏远的区域以及经济发展基础薄弱的地区，制定了相应的处理策略。这种差异化的治理模式确保了治理效果的最大化，有助于提高水质、改善水环境。

4.经济与环境的协调发展

水污染治理的进展不仅对环境质量的提升有显著贡献，也带动了农业经济的协调发展。通过保护农田水源，提高农业产值，实现了经济与环境的双赢。这不仅改善了农民的生产生活条件，也为农村振兴提供了可持续的发展动力。

通过科学合理的治理模式选择、同步推进、差异化策略和经济与环境的协调发展，内蒙古在水污染治理方面取得了显著进展。这为其他地区提供了可行的经验，为全面建设美丽乡村、实现水环境可持续发展提供了有益的借鉴。

（四）村庄清洁行动的展开

内蒙古以"三清一改"为突破口，推动了农村牧区公路建设、乡村绿化美化、庭院整治等村庄清洁行动。通过这些有层次的行动，改善了农村地区的村容村貌，提升了农民居住环境的整体质量，同时为促进农村振兴奠定了坚实基础。

1.村庄清洁行动的策略与计划

（1）以"三清一改"为突破口

内蒙古的村庄清洁行动将"三清一改"作为突破口，突显了清洁行动的战略方向。这一理念包括清理村庄垃圾、清除污染、清洗水体，以及通过改革创新实现农村环境的整体改善。这种有序地计划为农村环境治理提供了系统性的路径。

（2）公路建设的重要性

内蒙古在村庄清洁行动中着力推动牧区公路建设。公路建设不仅提升了农村的交通便利度，也为环境整治提供了基础设施支持。道路的改善有助于减少尘土飞扬，改善空气质量，提高农村地区的宜居性。

（3）乡村绿化美化的实施

在村庄清洁行动中，内蒙古注重推动乡村绿化美化工程。通过种植绿化植物、提升景观设计，农村地区的自然环境得到了有效改善。这不仅提升了居民的生活舒适度，还为农村旅游业的发展创造了更为宜人的环境。

2.行动实施与效果

（1）有序的庭院整治

"三清一改"中的"改"即庭院整治，内蒙古在此方面实施有序的整治行动。通过清理农户庭院、规范庭院建设，不仅改善了农村的村容村貌，还提升了农户生活环境，为农村振兴提供了整体的美化效果。

（2）绿色生态农村的建设

村庄清洁行动同时关注生态建设。通过绿色植被的引入、农田水系的修复，内蒙古努力实现农村的绿色生态化。这不仅对环境质量有积极影响，还有助于农田的生态平衡和农产品的质量提升。

（3）环境整治的全面推进

"三清一改"行动在内蒙古得到全面推进，通过清理和治理，改善了农村环境质量。除去垃圾、治理污水，有效提高了土地、水体的质量，为农业生产提供了更为清洁的自然环境。

3.村庄清洁行动的社会效益

（1）提升农民生活品质

"三清一改"行动的实施使农民的生活品质得到显著提升。清洁的环境、整齐的庭院、美化的乡村景观，使农民在清新宜人的环境中生活，享受更高质量的生活。

（2）促进农村旅游业发展

清洁行动带来的美丽农村景观为农村旅游业的发展提供了有力的支持。整洁的环境吸引游客，促进了当地乡村旅游业的繁荣，为农村地区带来了经济效益。

（3）坚实基础为农村振兴

通过"三清一改"行动，内蒙古为农村振兴奠定了坚实基础。改善的村容村貌不仅提升了居民的生活品质，也为农业生产、乡村旅游等多个方面的发展创造了良好的基础条件。

（4）社会认同与参与度提升

清洁行动的实施引起了广泛社会的认同。通过落实"三清一改"行动，农村地区的整体形象得到改善，引起了社会各界的高度关注与支持。社会认同的提升为农村振兴提供了广泛而有力的支持。

四、农村村容村貌改善的启示

（一）示范引领与区域推广

1.示范引领行动的成功经验

内蒙古自治区在农村村容村貌改善中通过"十县百乡千村"示范引领行动取得了显著成果。这一行动在选择示范区域、制定示范方案、实施示范工程、推广经验等方面积累了宝贵的经验。

首先，选择示范区域时，根据农村环境的不同情况，选择了既有环境问题突出又具备一定基础设施的区域，使得示范引领更具针对性。

其次，制订示范方案时，充分考虑了示范区域的地理、经济、文化等差异，制定出适合该地区的整治方案。这有助于确保整治措施的科学性和可行性。

再次，在实施示范工程时，通过组织多方参与，包括政府、企业、社会组织等，形成合力，提高了示范工程的实施效果。

最后，在推广经验时，通过各种形式向其他地区推广，包括培训、交流会议、宣传等方式，确保了成功经验的传承和推广。

2.区域推广的策略与难点

在启示方面，其他地区可以借鉴内蒙古的经验，采取有针对性的策略进行示范引领。在选择示范区域时，应根据地方实际情况，选择有潜力和需求的区域作为示范区域。在制订示范方案时，要考虑地方差异，灵活调整措施，确保适用性。在实施示范工程时，注重组织多方参与，形成合力。在推广经验时，借助各种渠道，通过培训、宣传等方式，将成功经验传递给更多地区。

然而，区域推广也面临一些难点。首先，地方差异导致了一些成功经验在其他地区可能需要进行调整和优化。其次，资源分配不均可能导致一些地区难以实施示范引领行动。因此，推广过程中需要考虑到各地的差异性和可操作性，制定相应的策略。

（二）综合治理与可持续发展

1.综合治理的优势

内蒙古自治区在农村村容村貌改善中采取了综合治理的策略，包括厕所革命、生活垃圾治理、水污染治理等多个方面。这种综合治理的思路具有以下优势。

首先，能够全面解决农村环境问题。通过综合治理，可以一次性解决多个方面的问题，提高了整治的效果。

其次，符合可持续发展原则。综合治理不仅解决当下的问题，还考虑到了未来的可持续发展。这有助于长期环境保护和经济发展的平衡。

2.持续发展的挑战与对策

然而，综合治理也面临一些挑战。首先，不同领域的治理需要统一的协调机制，涉及多个方面的政策和资源协调。其次，综合治理需要较大的资金投入，而一些地区可能面临财政有限的问题。

为了应对这些挑战，其他地区可以考虑建立跨部门的协调机制，确保不同领域的治理能够有机结合。同时，通过吸引社会资本、引导企业参与，缓解财政压力，确保治理工作的顺利推进。

（三）水土流失治理与农业生产关联

1.农村水土流失治理的必要性

在内蒙古这样的干旱地区，水土流失治理与农业生产关联密切。水土流失导致的土地质量下降不仅影响农业产值，还可能导致生态环境问题。

首先，水土流失治理有助于改善土地质量，提高土壤的保肥力，为农业生产提供更好的生长环境。

其次，水土流失治理有助于减少土壤侵蚀对水体的污染，保障农田水源的质量，提高农业生产的可持续性。

2.农村水土流失治理的难点

然而，水土流失治理也面临一些难点。一是在治理过程中可能会涉及土地利用权的问题，需要合理的政策和法规支持。二是在治理过程中需要大量的投入，可能面临资金紧张的问题。

其他地区在开展水土流失治理时，可以参考内蒙古的做法，注重以下几点。

首先，制订明确地水土流失治理计划。根据地方实际情况，明确治理的范围、目标和措施，确保治理计划的科学性和可行性。

其次，加强政策和法规的支持。针对可能涉及的土地利用权问题，制定相应的政策和法规，为水土流失治理提供法律支持。

再次，引入社会参与机制。通过组织农民、社会组织等参与水土流失治理，形成多方合作，提高治理的效果。可以采取奖励机制，鼓励农民参与治理，形成良好的社会动力。

最后，通过科技手段提高治理效率。利用先进的遥感技术、地理信息系统等手段，对治理区域进行监测和评估，及时调整治理措施，提高水土流失治理的科学性和精准性。

（四）社会参与文明乡风培育

1.社会参与的重要性

在农村环境治理中，引入社会参与机制是提高治理效果的关键。内蒙古通过建立村庄保洁员制度等方式，鼓励和引导居民积极参与治理工作。

首先，社会参与有助于形成合力。通过动员更多的人参与治理工作，可以形成合力，提高治理效果。

其次，社会参与有助于培育文明乡风。通过参与环境治理，居民逐渐养成文明的生活习惯，增强环保意识，形成文明乡风。

2.文明乡风培育的挑战

然而，文明乡风的培育也面临一些挑战。首先，需要进行长期地宣传和教育工作，改变居民的传统观念，形成新的文明生活方式。其次，社会参与可能因为各种原因而不均衡，一些地区可能面临社会参与度不高的问题。

其他地区在培育文明乡风时，可以结合当地文化传统，设计具有地方特色的宣传活动。通过建立文明村居标杆，激发居民的荣誉感，增强参与的积极性。同时，建立长效机制，持续开展宣传教育，确保文明乡风的稳固建立。

内蒙古自治区在农村村容村貌改善中取得的成果为其他地区提供了宝贵的经验。通过示范引领、综合治理、水土流失治理和社会参与等多方面的手段，内蒙古成功推动了农村环境治理，提高了农民的生活质量，促进了农村振兴。其他地区在借鉴这些经验时，要根据本地实际情况，制定适合自己的发展策略，实现经济与环境的协调发展，为农民打造更好的生活环境，为农村振兴注入更多的活力。

第三节　农村产业规模升级

"十四五"期间，内蒙古采取精准举措，着重扶持家庭农牧场、农牧民专业合作社等全新的经营主体，带动小农户的发展素养逐步增强。

一、家庭农牧场的认定与发展

（一）家庭农牧场认定的背景与目标

1.背景介绍

内蒙古自治区在"十四五"期间着眼于农村经济的可持续发展，特别关注小农牧户的发展潜力。背靠广袤的自然资源，内蒙古将家庭农牧场认定作为政策工具，旨在激发农牧户的生产热情，推动农村产业规模升级。

2.认定目标

家庭农牧场认定的目标在于提高农牧户的生产水平和经济收入，促使小农牧场向规模化、专业化经营转变。通过政策的引导和激励，内蒙古自治区期望通过家庭农牧场的认定，为农牧业注入新的活力，实现全面脱贫与农村振兴的良性循环。

（二）家庭农牧场认定的实施与成果

1.实施步骤

内蒙古自治区在"十四五"规划中实施了家庭农牧场认定工作，包括了严格的认定标准、程序和评定机制。农牧户需要申请认定，并接受相关机构的评估，以确保认定的合理性和客观性。

2.认定成果

2022年，内蒙古成功认定了8547个家庭农牧场。其中，有456个家庭农牧场通过评定获得了旗县级以上示范家庭农牧场的称号，突出表彰了在经营模式、产出效益等方面具有示范意义的农牧场。

3.意义与影响

家庭农牧场认定政策的实施为农牧户提供了更多的政策支持和发展机会，推动了小农牧场的规模化、专业化经营。同时，认定的示范家庭农牧场在农村产业结构升级、经营模式创新等方面发挥了引领作用，为当地农村经济的全面升级奠定了坚实基础。

（三）家庭农牧场示范效应的意义

1.引领农业生产模式创新

旗县级以上示范家庭农牧场的设立为当地农业生产模式创新提供了成功经验。其他小农牧户可以借鉴示范家庭农牧场的管理经验，提升自身的经营水平，形成全区范围内的农业生产模式创新。

2.促进农村产业结构升级

示范家庭农牧场在农业产业结构升级中发挥了积极作用。其专业化、规模化的经营模式为农村产业的升级提供了可行的路径，推动了当地农业产业由传统向现代化的过渡。

3.推动全区小农牧户规模化经营

示范家庭农牧场的成功经验为全区小农牧户规模化经营提供了典型案例。政府可以通过进一步的政策引导，帮助更多小农牧户实现规模经营，进而推动整个农牧业的现代化发展。

4.培养农民的发展素养

通过家庭农牧场认定，农民在专业化经营、管理规范等方面接受了更多的培训和教育。这有助于提高农民的发展素养，使他们更好地适应市场需求，更有效地参与现代农业经济体系。

二、农牧民专业合作社的发展与示范

（一）合作社发展的战略定位

1.发展背景与目标

内蒙古自治区在"十四五"规划期间明确了提升农牧民专业合作社的发展质量与效率

的战略定位。这一决策背景在于充分认识合作社在农业产业升级中的潜力，旨在通过推动合作社模式，提高农业经济的现代化水平。目标是通过合作社，实现资源整合、技术培训、市场拓展等方面的优势互补，提升合作社的综合竞争力。

2.政策支持与引导

为实现这一战略目标，政府通过明确的政策支持和引导措施，鼓励农牧民参与合作社的组建与发展。政策方面主要包括财政补贴、税收减免、技术培训等，旨在降低合作社运营成本，提高农牧民参与的积极性。

3.合作社的定位和角色

在规划中，合作社被定位为推动农业现代化的重要力量。通过整合农业资源、提高生产效益、拓宽市场渠道，合作社在农村经济中发挥着组织协调、风险分担、技术支持等多方面的积极角色。

（二）示例合作社的新增与效益

1.新增旗县级以上示范合作社

在规划实施的过程中，内蒙古自治区新增了279个旗县级以上示范合作社。这些合作社在管理水平、经济效益等方面达到了一定的标准，成为当地农牧业发展的典范。新增示范合作社的设立是规划的积极成果，为合作社模式的推广提供了成功的经验。

2.合作社的经济效益

新增的示范合作社在经济效益上取得了显著的成果。这主要体现在农牧民的收入增长、生产条件改善等方面。合作社的规模经济效应和专业分工使得生产更加高效，带动了农产品的质量提升和市场竞争力的增强。

3.合作社的社会效益

示范合作社的发展不仅仅带来了经济效益，还在社会层面产生了积极影响。合作社的建设促进了农村就业，提高了农民的生活水平，同时有力地推动了当地社区的协作发展。

（三）推进合作社试点工作的积极意义

1.形成示范效应

推进合作社试点工作不仅在区域内形成了一批具有示范性的合作社，而且在实践中总结了一系列成功的管理经验。这些合作社的成功案例成为其他地区学习借鉴的对象，形成了示范效应，为全区农牧业的规模发展提供了借鉴经验。

2.促进农村产业结构调整

合作社试点工作积极推动了农村产业结构的调整。通过整合资源、优化经营方式，合作社的发展使农业生产更加市场化、专业化。这有助于推动农村从传统的小农经济向现代化、产业化的发展模式转变。

3.实现农牧业的可持续发展

合作社试点工作不仅关注经济效益，还注重可持续性。通过科学管理、合理规划，合作社在经营中注重生态环境保护，实现了农牧业的可持续发展，为后续的农业发展奠定了坚实基础。

内蒙古自治区在"十四五"规划期间通过战略定位、示范合作社的新增与效益、合作社试点工作等多方面的举措，积极推动了农牧民专业合作社的发展。这一系列政策措施不仅为农牧业提供了可行的经济模式，还在促进农民增收、改善生产条件、推动农村产业结构升级等方面取得了显著成效。在今后的实践中，应持续优化政策环境，加强技术培训，为农牧业的全面升级提供更有力的支持。

三、农牧业产业化联合体与新型经营主体

（一）产业化联合体的构建与目标

1.构建背景与发展目标

内蒙古自治区在"十四五"规划期间致力于构建农牧业产业化联合体，旨在整合农牧资源，提升附加值，推动农牧业向现代化迈进。规划中明确的目标包括将自治区级龙头企业达到 600 个、紧密型联结机制比例达到 53%、农牧业托管服务组织达到 7500 个，土地托管服务面积达到 1700 万亩。

2.政策支持与引导

为实现上述目标，政府制定了一系列政策支持和引导措施。这包括财政资金的投入、税收政策的优惠、技术培训的开展等，以降低农牧业产业化联合体的运营成本，激发发展潜力。

3.联合体的战略定位

农牧业产业化联合体被定位为推动农牧业产业升级的关键力量。其战略定位在于通过整合资源、提升产业附加值，推动农牧业实现规模效益、提高综合竞争力。

（二）新型经营主体的组织发展形势

1.多元化组织形式的引入

内蒙古鼓励新型经营主体采用多元化的组织发展形势。例如，"社会化服务组织＋农牧户""龙头企业＋合作社＋农牧户""合作社＋农牧户"等模式的引入，为农民提供更多的发展机会。

2.组织形式的灵活性与适应性

这些新型组织形式具有较强的灵活性与适应性。能够根据不同地区、不同产业链的需求，灵活调整组织形式，更好地适应当地农牧业的特点，实现资源的优化配置。

3.产业链延伸与农民收益

新型经营主体的引入推动了农牧业产业链的延伸。通过更好地整合上下游产业链，将农产品推向市场，不仅提高了产业附加值，也促进了农民的经济收益。

（三）新型经营主体的社会效益

1.社会化服务组织的积极影响

通过引入"社会化服务组织＋农牧户"等形式，不仅拓展了小农牧户的经济收入来

源，还为农村社区发展带来积极的变革。社会化服务组织的参与促进了社区居民的共同发展，有力推动了农村社会结构的升级。

2.农牧民参与决策的机会

新型经营主体的组织形式为农牧民提供了更多参与决策的机会。通过加入合作社、参与联合体，农牧民能够更直接地参与产业发展规划，分享决策权益，实现了基层农民的自治和参与。

3.农村社会的协同发展

这些新型组织形式的引入，不仅为农牧业带来了发展机遇，也在社会层面产生了协同效应。不同主体之间的合作促使农村社会资源得以充分整合，实现了协同发展，为农牧区的全面振兴注入新的活力。

4.社区经济的繁荣

新型经营主体的组织形式推动了农村社区经济的繁荣。合作社和联合体的发展带动了当地的产业链，促进了农产品的流通和销售，为农村居民创造了更多的就业机会，提高了居民的生活水平。

5.农村社会结构的变革

新型经营主体的引入不仅仅是经济层面的变革，也是对农村社会结构的深刻影响。合作社和联合体的兴起促进了社区居民之间的交流与合作，形成更加紧密的社会网络，有助于培育文明乡风，提升社区整体素质。

（四）土地托管服务的面积提升

1.土地托管服务的关键作用

内蒙古通过鼓励农牧业产业化联合体，不断扩大土地托管服务的面积，达到1700万亩。这为农牧业提供了更广阔的发展空间，使土地资源得以更加合理、高效地利用。

2.土地资源的集约利用

土地托管服务的面积提升意味着更多的农田得到集中管理，实现了土地资源的集约利用。这有助于规模化生产，提高农业生产效益，为农民创造更多的财富。

3.土地托管与生态环保的协调

在土地托管服务的过程中，内蒙古注重与生态环保相协调。科学的土地利用规划有助于减少土地的荒芜，防止过度开发对生态环境的破坏，实现了经济效益与生态效益的双赢。

（五）农牧业的可持续发展

1.可持续发展的基本原则

新型经营主体的引入以及农牧业产业化联合体的构建，有效促使农牧业朝着可持续发展的方向迈进。通过整合资源、提升附加值，农牧业在实现经济效益的同时，更好地实现了生态环境的保护，符合可持续发展的基本原则。

2.经济效益与环境保护的协同

新型组织形式的推动下，农牧业实现了经济效益与环境保护的协同。产业化联合体整合了农牧资源，提高了生产效益，而合理的土地托管服务和科学的土地利用规划有助于保护土地生态，确保了农业的可持续发展。

3.农民生活水平的提升

通过新型组织形式的发展，农民参与产业链的各个环节，实现了农民生活水平的提升。增加的收入、更好的就业机会，使农民能够更好地分享到农牧业发展的成果，提高了他们的生活质量。

内蒙古在农牧业产业化联合体与新型经营主体的发展中，通过多元化的组织形式、政策支持和土地托管服务等手段，取得了显著的成效。这为农牧区提供了更好的发展机遇，推动了农村社区的繁荣和可持续发展。在未来，政府应进一步完善相关政策，加强对新型经营主体的培训与支持，以确保农牧业产业化联合体能够稳步发展，为农村振兴提供更为坚实的基础。

第四节　特色经济优先发展

一、提升良种奶牛繁殖规模

（一）引导种植场与养殖场户进口优良品种

内蒙古在奶业振兴行动中积极推动提升良种奶牛的繁殖规模，其中关键之一是引导种植场与养殖场户进口品质优良的母牛、胚胎与冻精。这一举措的目标在于通过引进高质量的奶牛基因，优化本地奶牛品种，提高繁殖效益。

1.优质母牛引进

内蒙古通过与国际优秀养殖基地合作，引导种植场与养殖场户引进具有高产、优质特点的优良母牛，以提升本地奶牛的繁殖水平。

2.胚胎与冻精的优化选择

在科学技术的支持下，内蒙古鼓励养殖场选择胚胎与冻精时，注重挑选具有良好遗传基因的优质种源，确保后代具备高产、健康的特性。

3.培育本地良种

同时，内蒙古注重通过科技手段培育本地适应性强、产奶性能好的优良品种，以适应当地的气候和饲养条件。

（二）推动农业主产旗县区运用性控冻精

内蒙古在奶业振兴中采取了推动农业主产旗县区运用性控冻精等先进技术的举措，通过提高繁殖技术水平，提升奶牛繁殖效益。

1.先进技术的引入

内蒙古积极引入国际领先的性控冻精技术，推动农业主产旗县区广泛运用。这一技术能够在一定程度上控制奶牛繁殖中性别的比例，提高种群的品质。

2.繁殖成功率的提高

性控冻精技术的应用有助于提高繁殖成功率，减少不必要的资源浪费，进而提高了奶牛扩群的效果。

3.新生牛的优质保障

通过性控冻精技术的运用，内蒙古确保了新生牛的品质，提高了新一代奶牛的整体素质，为奶业的可持续发展创造了有利条件。

（三）全面运用标准化生产模式

为确保奶牛的健康、提高繁殖效益，内蒙古要求奶牛养殖规模超过 100 头的养殖场全面运用标准化生产模式。这一模式通过优良化、科学化、制度化、设施化、规范化发展，推动了内蒙古奶业的生产规模化和现代化。

1.品种选择的优良化

标准化生产模式下，养殖场对奶牛的品种选择更加科学合理，注重提高产奶性能、适应性等关键指标。

2.生产流程的科学化

标准化模式规定了从饲养管理、疾病防控、繁殖管理到粪污资源处理等方方面面的生产流程，确保每一个环节都得到科学的管理和操作。

3.设施建设的制度化

标准化模式要求养殖场在设施建设上达到一定标准，包括牛舍的建设、饲养环境的改善等，以提供良好的生产条件。

4.规范化的管理

标准化生产模式规范了奶牛养殖场的管理制度，包括人员管理、用药管理、疫苗接种等，确保了奶牛养殖的规范运作。

5.效益的提升

通过全面运用标准化生产模式，内蒙古奶业实现了养殖效益的提升，推动了奶业规模发展。

二、提高饲草料的生产效率

（一）积极推进粮改饲试点工作

内蒙古为提高奶牛的生产效率，特别注重推进粮改饲试点工作，通过更科学的饲养方式，优化饲草料的组合，提升奶牛的生产性能。

1.饲养方式的创新

内蒙古通过推进粮改饲试点工作，鼓励养殖场创新饲养方式。例如，采用粮食替代部分饲料，以更经济、高效的方式满足奶牛对营养的需求。

2.饲草料的优化组合

在粮改饲试点中，内蒙古注重对饲草料的组合进行优化。通过科学配比不同类型的饲草，确保奶牛获得全面、均衡的营养，提高奶制品的品质。

3.资源利用的最大化

粮改饲试点工作也着眼于最大化利用本地资源，减少外购饲料的依赖。这有助于提高饲草料的生产效率，降低生产成本，增加养殖场的经济效益。

（二）注重构建高产优质苜蓿示范

内蒙古在提高饲草料生产效率的策略中，特别注重构建高产优质苜蓿示范，以确保奶牛获得高质量的青贮饲料。

1.引进优质苜蓿品种

内蒙古通过引进国内外高产、高营养价值的苜蓿品种，提高本地苜蓿的生产水平，保障奶牛获得优质饲料。

2.科技支持的应用

构建高产优质苜蓿示范不仅依赖品种选择，还注重科技的应用。通过合理施肥、科学管理，提高苜蓿的产量和品质。

3.示范效果的推广

构建的高产优质苜蓿示范场将成为其他养殖场学习的榜样。内蒙古鼓励养殖场通过学习示范效应，引入先进的饲草生产技术，提升整体饲养水平。

（三）稳定奶牛优质粗饲料的供给规模

为保障奶牛获得充足的、高质量的饲料，内蒙古采取措施稳定奶牛优质粗饲料的供给规模，以支持奶牛的健康发展和高效产奶。

1.精细化管理的推进

内蒙古鼓励养殖场实施精细化管理，通过科技手段对饲草料的生产过程进行监测和调控，提高饲料的质量和生产效率。

2.科学化种植模式的建立

内蒙古推动农民采用科学化的饲草种植模式，包括科学施肥、合理轮作等，以提高饲草料的产量和品质。

3.生产规模的扩大

内蒙古奶业振兴计划通过扩大饲草料的生产规模，增加饲料的供给，确保奶牛获得足够的营养，提高产奶效益。

三、规模牧场的生产规范化发展

（一）奶牛养殖场试点工作的背景

内蒙古在奶业振兴中采取了积极的奶牛养殖场试点工作，着眼于提升奶牛养殖的规模和管理水平。这项工作的推动对奶业的可持续发展和现代化水平的提升具有重要意义。

1. 全面运用标准化生产模式

内蒙古特别要求规模超过 100 头的奶牛养殖场全面运用标准化生产模式。这一模式的推动，使得奶牛的养殖过程更为科学、规范，为提高奶制品的质量打下了基础。

2. 提升养殖场管理水平

通过奶牛养殖场试点工作，内蒙古旨在提升养殖场的管理水平，包括对养殖过程的监管、技术的培训，确保奶牛的养殖过程高效、有序。

3. 实现高效生产

通过试点工作，内蒙古旨在实现奶牛养殖场的高效生产。标准化生产模式的应用有助于提高生产效益，降低养殖成本，推动奶业的经济效益提升。

（二）确保"五化"标准

内蒙古在规模牧场的发展中着力确保"五化"标准，即品种选择的优良化、养殖过程的科学化、生产效益的制度化、生产设施的设施化、管理流程的规范化。

1. 品种选择的优良化

内蒙古鼓励养殖场选择高产、高质量的奶牛品种，确保牛群的生产性能更优越。

2. 科学化地养殖过程

规模牧场通过科学化的养殖过程，包括合理的饲养管理、疾病防控，提高奶牛的产奶效益，确保奶制品的品质。

3. 制度化地生产效益

内蒙古倡导将生产效益制度化，通过建立科学的奶牛养殖制度，确保奶业的可持续发展。

4. 设施化地生产设施

内蒙古规定养殖场必须具备一定的标准化设施，包括牛舍的建设、饲养环境的改善，以提供良好的生产条件。

5. 规范化的管理流程

内蒙古倡导奶牛养殖场规范化的管理流程，包括人员管理、用药管理、疫苗接种等，确保奶业的规范运作。

（三）奶农适度规模养殖主体培育

内蒙古通过积极推进合作社办加工厂、奶牛养殖场试点工作，培育奶农适度规模养殖主体，促使奶业实现产业链的多元化和规模化发展。

1.新型经营主体的引入

内蒙古通过试点工作引入更多新型经营主体,如合作社、奶牛养殖场等,为奶业注入新的发展动力。

2.多元化产业链

通过合作社办加工厂和奶牛养殖场试点工作,内蒙古实现了奶业产业链的多元化。从奶牛养殖到奶制品加工,形成了更为完整的产业链。

(四)特色奶食品加工厂的创设

在著名牧区中创设民族特色鲜明的奶食品加工厂,如呼伦贝尔与锡林郭勒等地区,为内蒙古的特色经济发展注入了新的动力。这些奶食品的生产不仅提升了本地牧区的经济水平,还促进了当地特色文化的传承与发展。

1.民族特色奶食品的研发与生产

内蒙古在特色奶食品加工方面进行了深入研发,充分挖掘本地牧区的民族特色,生产出具有鲜明地方特色的奶食品。这不仅满足本地居民的需求,还为外部市场提供了有吸引力的产品。

2.高端乳制品的试点生产

内蒙古通过试点生产高端乳制品,如特色奶酪等,成功地拓展了产品线,提升了奶制品的附加值。这对奶业的可持续发展具有重要意义,使内蒙古的奶制品更具竞争力。

3.城镇地区的巴氏奶加工试点场所

在城镇地区设置了巴氏奶加工试点场所,实现了城乡奶业的有机衔接。这一举措不仅拓宽了奶制品的销售渠道,也提升了城镇居民对本地奶制品的认知和接受度。

4.30个新增奶牛家庭牧场与合作社办加工厂规模

内蒙古鼓励奶牛家庭牧场与合作社办加工厂的发展,新增了30个规模较大的牧场与加工厂。这为农牧民提供了更多的就业机会,同时促进了奶业的规模化经营。

四、奶牛"两病"净化与养殖技术服务

(一)创建"两病"净化评估和净化示范场

1.奶牛"两病"净化的背景

内蒙古将奶牛"两病"净化与养殖技术服务列为重点发展内容,以确保奶牛的健康状况。创建"两病"净化评估和净化示范场是其中的关键举措,旨在通过科学手段全面监测、管理奶牛的健康,提升奶牛的生产性能。

(1)"两病"净化的重要性

内蒙古明确了奶牛"两病"净化的重要性,即控制传染性鼻炎和真菌性鼻炎两类常见疾病,保障奶牛健康,提高产奶效益。

(2)全面监测和管理

创建净化评估和净化示范场的目标在于全面监测奶牛的健康状况,通过科学管理手

段，提高奶牛的抗病力，减少疾病对奶业的不利影响。

（3）科学养殖技术的支持

在净化过程中，内蒙古注重引入科学养殖技术，包括疫苗接种、药物治疗等，为奶牛提供全方位的健康保障。

2.创建"两病"净化评估和净化示范场的具体措施

（1）评估场地建立

内蒙古积极建立"两病"净化评估场，通过专业的检测手段对奶牛进行定期的健康评估。这包括对症状、体温、食欲等指标的监测，及时发现潜在健康问题。

（2）示范场的创建

在评估场的基础上，内蒙古还创建了净化示范场，旨在通过示范引导养殖场科学净化奶牛"两病"。示范场不仅提供实践经验，还可以进行养殖技术培训，推广科学管理方法。

（3）引入先进技术

内蒙古通过引入先进的疾病监测技术，如 PCR 技术等，提高疾病的准确检测率，有针对性地制订预防和治疗方案。

3.净化示范场地效果评估

（1）生产性能的提升

通过"两病"净化示范的建立，内蒙古力求提高奶牛的免疫能力，降低患病率，进而提升奶牛的生产性能，增加产奶效益。

（2）经济效益的提高

净化示范场的实施将有望减少治疗费用、降低养殖成本，对奶业的经济效益将产生积极影响。

（3）科学管理的推广

示例场的成功经验将被广泛推广，养殖场可借鉴先进的科学管理经验，提高养殖水平。

（二）检疫净化与奶流场基线工作

1.检疫净化的重要性

内蒙古将检疫净化与奶流场基线工作列为奶业发展的关键环节，以保障奶牛的健康，减少疾病传播对奶业的不利影响。通过建立有效的检疫制度和基线工作体系，内蒙古致力于提高奶牛的抗病力，确保奶制品的品质和安全。

2.检疫净化的具体措施

（1）建立健全的检疫制度

内蒙古制定了健全的检疫制度，确保奶牛的疫病防控工作得到有效实施。这包括对潜在传染病的监测、隔离措施等。

（2）疫苗接种的推广

内蒙古推动奶牛的疫苗接种工作，提高奶牛的抗病力，减少潜在疾病的传播风险。

（3）定期的健康监测

通过定期的健康监测，内蒙古可以及时发现患病奶牛，采取针对性的防治措施，防止疫病的蔓延。

3.奶流场基线工作的推进

（1）奶流场基线工作的定义

内蒙古着重对奶流场进行基线工作，即建立奶牛流通系统的标准框架，确保奶制品在生产、运输、加工等环节符合规范，保障消费者的食品安全。

（2）制定奶流场的标准

内蒙古制定了奶流场的标准，涵盖奶牛健康证明、运输车辆卫生条件、奶品质量检测等方面。这一标准的制定有助于规范奶牛流通环节，杜绝疾病传播和品质问题。

（3）建立基础数据库

内蒙古通过奶流场基线工作，建立了奶牛流通基础数据库，记录每一头奶牛的健康状况、生产信息、疫苗接种情况等，为疾病防控和追溯提供科学依据。

4.检疫净化与奶流场基线工作的协同推进

（1）信息共享平台的建立

内蒙古推动建立检疫净化与奶流场基线工作的信息共享平台，实现疫情信息与奶流场数据的实时传递，提高对奶牛健康的全面监控。

（2）多部门协同合作

为确保检疫净化和奶流场基线工作的有效推进，内蒙古各相关部门展开协同合作，共同制定检疫与流通标准，实现资源的优势互补。

（3）养殖户培训与技术支持

内蒙古注重对养殖户进行检疫净化与奶流场基线工作相关知识的培训，提高养殖户的自律管理水平，同时提供相关技术支持，确保标准的贯彻执行。

内蒙古在实施奶业振兴计划中，通过多方面的举措推动特色经济的优先发展。从提升良种奶牛繁殖规模、改进饲草料生产效率，到规模牧场的生产规范化发展和特色乳制品的试点生产，内蒙古为奶业的发展注入了新的动力。通过这一系列的措施，内蒙古不仅实现了奶业的可持续发展，也为农牧民提供了更多的就业机会，促进了当地农村经济的繁荣。这一经验对其他农业特色产业的发展具有一定的借鉴意义。

第五节 乡风文明显著提升

内蒙古全区上下共同参与宣传社会主义核心价值观、文明公约与村规民约，注重开展相对应的教育活动，在保护当地生态环境与生态系统的基础上，打造良好的村落文明。

一、培育优良家风，推进家风建设

（一）宣传社会主义核心价值观与文明公约

1. 社会主义核心价值观的宣传活动

内蒙古全区通过多种途径积极参与宣传社会主义核心价值观。首先，建立了广泛而深入的社会主义核心价值观宣传体系，包括利用广播、电视、报纸等传统媒体进行宣传，通过新媒体手段如微博、微信等推送相关内容，将核心价值观的理念融入人们的日常生活。其次，注重社会主义核心价值观的教育活动，组织专业人士举办讲座、研讨会，深入解读核心价值观的内涵，引导人们深刻理解和积极践行。这一系列的宣传活动使得社会主义核心价值观在内蒙古得到了广泛传播，为家庭和社区文明建设奠定了思想基础。

2. 文明公约的制定与普及

为了更具体的引导居民的行为规范，内蒙古制定了文明公约，明确社区的行为准则和规范。在制定过程中，广泛听取社区居民的意见，确保文明公约符合当地的文化传统和居民的实际需求。公约内容涵盖了尊老爱幼、邻里和睦、环境保护等多个方面，旨在通过制度化的方式规范社区居民的行为，促使社会风气更加文明。通过定期举办文明公约的普及活动，如制定小册子、举办座谈会等，确保文明公约深入人心，成为社区居民共同遵循的规范。

3. 文明教育体系的建设

内蒙古注重构建全面的文明教育体系，将社会主义核心价值观和文明公约相结合，形成系统而完整的教育内容。通过开展文明教育课程、举办文明主题活动，加深社区居民对文明观念的认知。重点在学校、社区、企事业单位等场所设立文明教育基地，提供文明教育资源，使文明观念渗透到人们的学习和工作生活中。这一系列的举措不仅在理论上普及了文明观念，更在实践中培养了社区居民的文明素养。

（二）培育"十星级文明户"

1. 长期筛选优秀的家庭代表

内蒙古通过长期的家庭代表筛选工作，发掘和树立了一批典型的家庭榜样。这些家庭代表在家风建设和社区服务中表现突出，成为引领家风建设的楷模。通过对他们的宣传和表彰，鼓励更多的居民向他们学习，推动整个社区形成良好的家风氛围。

2. "十星级文明户"评选活动的开展

内蒙古以"十星级文明户"评选活动为载体，通过制定一系列的评选标准，如家庭和睦、邻里和谐、社区服务等，对家庭进行全面评估。这既是对家庭的一种褒奖，也是对其他居民的一种激励，激发了广泛的社会参与。评选活动不仅弘扬了优秀家庭的典型经验，也推动了更多居民关注家风建设，加强了社区凝聚力。

3. 引导人们更多关注家庭教育

通过对"十星级文明户"的宣传，内蒙古引导人们更多关注家庭教育。通过组织家庭教育讲座、座谈会等形式，分享成功家庭的教育经验，让更多的家庭受益。这一过程中，注重结合社会主义核心价值观，使家庭教育不仅关注学业成绩，更注重培养孩子。

二、打造文明乡风，守好水土留住淳朴

（一）以"守好一方水土、留住一份淳朴"为主题的教育活动

1.活动背景与目的

内蒙古开展以"守好一方水土、留住一份淳朴"为主题的教育活动，旨在通过深入人心的方式传承中国梦与社会主义核心价值观，引导村民树立正确的文明观念，守护家园、保护生态环境，推动农村社区的全面文明建设。

2.接地气的宣传方式

为使理念更好地融入村庄生活，内蒙古采用接地气的宣传方式。通过制作公益广告，展示正能量的文明观念，植入社会主义核心价值观，通过剪纸、自创漫画等形式，以寓教于乐的方式普及文明观念。这些活动将抽象的理念具体化，更容易为居民接受。

3.社会主义核心价值观与淳朴文化相结合

在教育活动中，注重将社会主义核心价值观与淳朴文化相结合。通过讲解淳朴文化的内涵，引导村民认识到淳朴的价值，使其能够在保护水土的同时保持淳朴的生活方式，实现文明与传统的有机结合。

（二）文明宣传沿路墙体建设

1.宣传牌内容的设计

内蒙古在村庄沿路墙体上设置宣传牌，内容涵盖了惠民政策、道德规范、文明礼仪、"六个提倡、六个反对"等方面。这些内容旨在通过直观的方式向居民传达社会主义核心价值观和文明行为规范，引导村民形成良好的行为习惯。

2.形成生活场景

通过在沿路墙体上设置宣传牌，使文明观念融入居民的生活场景。行人经过时能够自然看到这些信息，提醒和引导他们在日常生活中更加注重文明行为，逐步形成积极向上的生活方式。

3.宣传效果的评估与调整

内蒙古通过定期对宣传效果进行评估，收集居民的反馈意见，根据实际情况进行宣传牌内容的调整。这样可以确保宣传牌的信息更贴近居民需求，更好地发挥宣传作用。

（三）"三下乡"和大型群众性文化活动

1."三下乡"服务宣传活动

内蒙古通过"三下乡"服务宣传活动，充分利用乡村广播的支持，推进农村志愿服务宣传。志愿者团队走进农村，通过讲解毒品危害、法律法规科普、抵制邪教等内容，提高农民的法制观念，引导他们远离不良行为。

2. 大型文化活动的组织与开展

内蒙古通过组织大型文化活动，吸引更多的农民参与。在活动中设置专门的法制宣传区域，通过展板、讲解、互动等形式，向农民传递法制知识，使法治观念深入人心。通过群众性文化活动，提升农民的文明素养，使其更好地融入现代社会。

3. 志愿服务团队的建设

为更好地推动志愿服务宣传活动，内蒙古积极建设志愿服务团队，如准格尔义工协会等。这些团队可以长期深入农村，为农民提供法律援助、文明礼仪教育等服务，形成农村文明建设的长效机制。

通过以上活动，内蒙古在文明乡风建设方面采取了多重措施，深入推动社会主义核心价值观的宣传，同时注重将文明观念融入农村居民的生活场景，形成多层次的文明建设体系。

三、加强志愿服务，促进乡风文明

（一）"一约四会"制度

1. 制度背景与目的

内蒙古引入"一约四会"制度，旨在加强居民对村级事务管理的参与，建立更加自治的社区管理模式。该制度通过明确居民参与的渠道和方式，促使社区内的事务管理更加民主、透明，增强了社区居民对社区事务的参与感和责任感。

2. "一约"规定

"一约"阐述了居民对社区事务的基本权利和义务，明确了居民的参与方式和程度。这一约定使居民对社区事务有了清晰的认知，激发了他们参与社区管理的积极性。

3. "四会"机制

"四会"机制包括居民大会、居民代表会、村民议事会、村民监事会。通过这一机制，居民有了更加广泛的参与渠道，可以通过代表会议、议事会等形式表达对社区事务的看法和建议，保障了社区决策的多元性。

4. 自治与社区管理

"一约四会"制度的实施，使社区管理更加自治。通过居民的广泛参与，社区事务的管理更具代表性和民主性，有助于解决实际问题，提升社区的凝聚力和稳定性。

（二）志愿服务团队的创设

1. 团队背景与组建原因

内蒙古创设志愿服务团队，如准格尔义工协会等，旨在通过志愿服务推动社区的凝聚力和乡风文明。志愿服务团队的组建源于对社区服务需求的认知，通过组织志愿者服务活动，提升社区居民的幸福感和获得感。

2. 服务对象与内容

志愿服务团队主要服务特殊群体，包括留守儿童、残疾人士、困难职工、空巢老人等。通过开展关爱活动、法律援助、文明礼仪教育等服务内容，满足特殊群体的需求，加强社区居民对特殊群体的关注。

3.社区凝聚力的提升

志愿服务团队的存在不仅为特殊群体提供了实际帮助，也引导了社区居民更加关注和关心特殊群体的需求。通过志愿服务，社区凝聚力得到提升，形成了更加和谐的社区氛围。

（三）推动农民法治观念提升

1.法治宣传教育的开展

内蒙古通过大力开展法治宣传教育，重点传递法律法规科普、加强对法律思维的培养。通过讲座、培训等形式，向农民普及基本的法治知识，提高他们的法治观念。

2.法治观念的深入人心

通过法治宣传教育，内蒙古努力使法治观念深入人心。通过实际案例、生动故事，使农民更好地理解法律的作用，引导他们养成遵纪守法的良好习惯。

3.社区法治建设的贡献

推动农民法治观念提升不仅仅是个体行为的改变，更是社区法治建设的一个组成部分。通过农民法治观念的提升，社区法治建设得到了有效推动，为社区的文明乡风打下了坚实基础。

（四）面向特殊群体的志愿服务

1.服务对象的广泛覆盖

内蒙古通过志愿服务，特别注重面向特殊群体的服务。通过关爱留守儿童、协助残疾人士、帮扶困难职工、陪伴空巢老人等服务内容，使志愿服务覆盖了社区内不同特殊群体，进一步促进了社区的包容性和温暖感。

2.社区凝聚力的提升

面向特殊群体的志愿服务不仅仅解决了实际问题，还在心理上给予了特殊群体更多的关爱和支持。通过志愿服务，社区居民对特殊群体的关注度提高，社区凝聚力得以进一步提升。

3.社区关爱体系的建立

面向特殊群体的志愿服务使社区逐渐建立起完善的关爱体系。通过志愿者与特殊群体的接触，社区居民的服务意识和社会责任感得到加强，促进了社区的文明乡风。

（五）文明宣传与义务宣传

1.广播、宣传栏等宣传途径

在志愿服务中，内蒙古注重文明宣传。通过乡村广播、宣传栏等方式，传达社会主义核心价值观，强调义务宣传的重要性。这种宣传方式既注重广度又注重深度，使居民更全面地了解社会主义核心价值观的内涵。

2. 法规、道德规范的强调

志愿者在服务过程中重点宣传相关法规和道德规范。通过宣传义务教育、社会责任等方面的法规，强调社区居民的法治观念和社会责任感，为社区的法治建设和文明乡风的形成贡献力量。

（六）志愿服务的频率与规模

1. 持续的志愿服务活动

内蒙古通过提升志愿服务的频率，使志愿服务成为社区的一种常态。持续不断的志愿服务活动不仅让社区居民受益，也通过服务实践提升了志愿者的服务水平和专业素养。

2. 志愿服务团队的扩大规模

为了更好地服务社区居民，内蒙古努力扩大志愿服务团队的规模。通过吸引更多的志愿者参与，使志愿服务的作用得以放大，更广泛地覆盖社区内的各个方面，促进了社区的全面发展。

3. 为更多居民提供服务

扩大志愿服务团队的规模不仅仅是服务的数量上的提升，也为更多居民提供服务。志愿者团队的扩大使得服务更具包容性，更多社区居民能够享受到志愿服务的便利和温暖。

内蒙古在乡风文明的提升中，通过培育家风、打造文明乡风、加强志愿服务等多方面的努力，取得了显著成效。社会主义核心价值观的宣传教育、家风建设的推进、文明乡风的塑造，以及志愿服务的发展，为乡村社区的和谐稳定奠定了基础。

第六章　内蒙古建设宜居宜业和美乡村面临的困境

第一节　系统规划水平较低

内蒙古建设宜居宜业和美乡村离不开科学合理的统筹规划。以内蒙古准格尔旗为例，准格尔旗作为内蒙古自治区的一部分，通过践行"一户一设计"的思想，为乡村的发展提供了新的思路。该旗通过提供相应的户设计图，为危房改造和新建户提供科学依据，有效促进了村庄规划的发展。然而，在这一过程中也出现了一些问题，需要更深入地思考和解决。

一、规划问题分析

（一）缺乏整体思维和长远视角

少数村庄的发展规划在设计时未遵循整体思维和长远视角。这可能导致规划不够全面，缺乏对村庄未来发展方向的明确定位。因此规划应该更注重整体性，要考虑不同村庄之间的关联性，形成更为系统的发展蓝图。

（二）规划与实际情况存在错位

少数村庄的规划与实际情况存在错位，规划中未明确提及重点发展项目与内容。这可能导致规划的可行性较低，难以实现预期的发展效果。规划应该更贴近实际，充分考虑村庄的资源禀赋和实际需求，确保规划的有效性。

二、形式主义现象

（一）形式主义现象的存在

少数乡村的规划存在着明显的形式主义现象，其实际指导价值较低。部分规划虽然存在现实可行性，但无法得到深入贯彻与执行。这表明规划在实施中存在问题，可能是过于注重表面形式而忽视了实质性的内容。

（二）规划实施中的不足

少数区域关注系统推进，却未深入把握规划的细节内容，导致后续的维护工作缺位。规划的实施需要更加注重具体的执行细节，确保规划能够在实际操作中得到有效贯彻。

三、村庄对规划的认识与建设盲目性

（一）村庄对规划现实价值的认知不足

部分村庄未意识到村庄规划的现实价值，完全遵循上级部门的发展指引，与实际情况脱节，盲目建设。这可能阻碍了建设宜居宜业和美乡村的发展步伐。提高村庄对规划现实价值的认知，使规划更贴近实际需求，是解决问题的关键。

（二）上级部门与村庄的发展对接问题

部分村庄完全遵循上级部门的发展指引，与实际情况脱节，盲目建设。这可能是由于上级部门规划与村庄需求之间存在认知不足或信息传递不畅导致的。规划的制订应该更加注重与村庄的沟通和协商，确保规划符合实际情况，得到村庄的理解和支持。

通过深入分析内蒙古准格尔旗的乡村规划实践，可以看到在规划设计与实施过程中存在的问题。解决这些问题需要更加科学合理的规划方法，更注重整体性和长远性，确保规划与实际情况相符合，真正服务于宜居宜业和美乡村的建设目标。在此基础上，进一步加强与村庄的沟通与协商，提高村庄对规划的认知水平，促使规划更好地为乡村的可持续发展提供有效指导。

第二节　农民主体作用弱化

农民主体作用弱化问题是内蒙古乡村建设中一个突出的问题，涉及农牧民对乡村建设的理解、参与程度以及与地方政府的互动关系。在解决这一问题的过程中，需要深入分析问题的具体表现和原因，制定相应的政策和措施，以提高农民的积极性和主动性，推动宜居宜业和美乡村的建设。

一、农民对乡村建设认知不足

（一）政府主导认知

少数乡镇农牧民普遍认为政府是乡村建设的主要承担者，对乡村建设的发展理念和目标认知不足。他们往往将美丽乡村建设视为政府的职责，而非自身的事务。

（二）对个体发展认知不足

农牧民对美丽乡村建设与个体发展之间关系的认知有限。缺乏对美丽乡村建设与自身发展的实际益处的深刻理解，导致了他们对乡村建设的冷漠态度。

（三）信息不对称

信息传递不畅，使得农民对乡村建设的具体内容、发展方向等信息了解不够充分。这可能是由于政府宣传渠道不畅或信息呈现方式不适合农民接受的原因。

二、地方政府对农牧民参与的忽视

（一）越权行使公共事务

部分乡村在进行公共事务决策时，直接越过了农牧民群体，追求政绩而忽视了人民群众的实际需求。这种做法导致了政策的脱离实际和农民权益的被忽视。

（二）发展成效追求过度

一些旗里、乡里领导过于追求显著的发展成效，为了迎合上级的考核要求，忽视了农牧民的发展需求。这种做法导致了乡村建设的真实需求未能被有效解决。

（三）缺乏民主决策机制

部分地方政府在决策过程中未充分采纳农民的意见，缺乏民主决策机制。这使得农民在乡村建设中的参与度较低，难以发挥其主体作用。

三、乡村建设追求"表面好看"

（一）形式主义现象

部分乡村在建设中存在形式主义现象，注重外表的好看而忽视实际的需求。这种追求外在形象的做法可能导致乡村建设的实际效果不佳，无法满足农牧民的实际需求。

（二）发展与农牧民脱节

乡村建设规划与农牧民的实际情况存在错位，未能真正关注农牧民最为关切的发展问题。这种规划与实际情况的脱节使得乡村建设无法得到农民的认同及支持。

（三）盲目建设现象

部分农牧民并未充分意识到乡村建设对自身的现实价值，完全依赖上级部门的发展指引，盲目建设。这种现象阻碍了农牧民对乡村建设的积极参与和主动性发挥。

第三节　产业机制建设受限

产业保持稳定地发展态势是建设宜居宜业和美乡村的重要追求，同时是和美乡村长期运行的基本支柱。内蒙古本身具备着良好的自然资源以及地理条件，并在乡村优势特色农业发展、"一村一品"工程建设上取得了良好的发展成就。同时依旧存在着相应的发展短板，主要表现为以下层面。

一、产业发展规划不合理的问题

少数村社的产业发展规划存在不符合科学原则、无法合理配置生产要素和设计产业分布格局的情况。

（一）缺乏科学依据

1. 规划基础不足

产业发展规划缺乏对当地资源、市场需求等科学依据的充分分析，导致规划基础不足。许多规划缺乏对农产品市场需求趋势、消费者群体特征等方面的深入研究，使得规划更多地基于经验和主观判断，而非科学数据支持。

2. 市场调查不足

缺乏对市场的全面调查和准确评估是导致产业规划不科学的主要原因之一。规划缺乏对当地消费市场、竞争对手、市场规模和潜在机会的深入了解，使得规划无法基于实际情况提出合理的产业发展方向。

3. 资源配置盲目性

缺乏科学依据导致资源配置的盲目性。有的规划在资源配置上过于追求一时的效益，忽视了资源的可持续性和长远利益。例如，在农业生产中过度依赖某一类肥料，而忽略了对土壤健康和生态环境的长期影响。

（二）生产要素配置不合理

1. 缺乏前瞻性规划

生产要素配置方面存在缺乏前瞻性的问题。一些规划对未来的产业发展趋势、技术变革等因素缺乏充分考虑，导致在生产要素配置上出现了滞后和不适应的情况。

2. 盲目跟风导致资源浪费

规划中的盲目跟风现象使得生产要素配置变得盲目，过分追求短期内的效益，而忽略了资源的合理利用。例如，在某些地区盲目引进某一农业品种，导致资源过度投入，而未来市场需求并未如规划所预期。

3. 效益低下的问题

由于缺乏对生产要素配置的科学性和全面性的认识，规划中生产要素的配置效益较低。一些农业规划在用地、用水、用肥等方面未能做到科学合理配置，导致资源浪费和农业生产效益不尽如人意。

（三）产业分布不合理

1. 生态环境考虑不足

产业分布过于集中或分散的问题主要表现在对生态环境的考虑不足。有的规划在选择产业分布区域时未能充分考虑生态环境的承载能力，导致一些地区产业集聚过度，对当地生态环境造成不可逆的影响。

2. 可持续性缺失

产业分布不合理导致了一些地区产业发展的不可持续性。一些规划未能考虑到产业发展与生态环境的协调发展，长期来看，这种不合理的产业分布可能导致资源枯竭和环境恶化。

3. 社会效益受限

由于产业分布问题，一些地区的社会效益受到限制。例如，过度集中的产业可能导致当地社会经济结构单一，缺乏多元化发展，从而影响当地居民的综合福祉。

二、产业规模较低的问题

少数乡镇与村社的产业规模较低，难以形成规模效应。

（一）缺乏合作机制

1. 乡村合作机制的薄弱

少数乡镇与村社之间缺乏有效的合作机制，导致资源分散利用，难以形成规模效应。许多乡村未能建立紧密的合作关系，造成了资源的碎片化利用，规模效应无法得到充分发挥。

2. 信息不对称问题

合作机制中存在信息不对称的情况，即各方在资源配置、市场信息等方面信息不够透明，影响了规模效应的形成。信息共享不足使得合作难以紧密进行，制约了规模效应的实现。

3. 资源协同利用不足

缺乏合作机制导致资源协同利用不足。各乡村、村社之间未能有效整合资源，使得整体产业发展无法形成集聚效应，规模化的产业难以在资源上形成优势。

（二）生产技术滞后

1. 缺乏技术更新机制

一些乡村产业在生产技术上滞后，缺乏定期地技术更新机制。这导致产业无法及时引入新技术，提高生产效率，规模化发展受到阻碍。

2. 培训机会不足

生产技术滞后与培训机会不足密切相关。一些乡村从业人员由于缺乏接受新技术培训的机会，难以掌握和应用先进的生产技术，制约了规模效应的发挥。

3. 研发投入不足

生产技术滞后反映在研发投入不足上。乡村产业缺乏对新技术、新工艺的研究和投入，使得产业无法在技术上保持竞争力，规模效应因此受到制约。

（三）市场运作不畅

1. 缺乏品牌建设

一些乡村产业在市场运作上存在问题，缺乏品牌建设。市场上竞争激烈，而乡村产业未能建立起独特的品牌形象，导致市场认知度不高，规模扩大受到限制。

2. 供应链不畅通

市场运作不畅表现在供应链的问题上。部分乡村产业在物流、销售等环节存在瓶颈，导致产品难以迅速、顺畅地进入市场，规模效应因此无法发挥。

3.市场调研不足

缺乏对市场的深入调研是市场运作不畅的原因之一。乡村产业未能充分了解市场需求和竞争对手情况，使得市场战略制定不够科学，规模扩大难以有针对性地进行。

三、龙头企业发展受限的问题

（一）市场竞争力不足

1.产品定位问题

龙头企业市场竞争力不足的一个重要原因是产品定位存在问题。部分企业未能准确把握市场需求，导致产品在市场上无法形成差异化优势，难以吸引更多的合作伙伴参与产业链。

2.市场推广不足

市场推广不足是市场竞争力不强的表现之一。一些龙头企业未能有效地进行产品宣传和市场推广，使得其产品在市场上的知名度不高，难以争取更多的市场份额。

3.营销策略不足

缺乏有效的营销策略是导致市场竞争力不足的另一原因。企业未能灵活运用市场营销手段，无法迅速适应市场变化，导致竞争压力下的市场份额较低。

（二）缺乏技术创新

1.研发投入不足

部分企业在技术创新方面研发投入不足，未能积极引导产业链的不断升级。缺乏对新技术的掌握使得企业无法在产业链上处于更有利的位置。

2.人才队伍建设不足

缺乏技术创新也与人才队伍建设不足有关。企业未能建立起高水平的研发团队，导致技术创新的能力受到制约，产业链无法获得更大的发展空间。

3.合作创新机制不畅

企业与研究机构、高校等的合作创新机制不畅是技术创新不足的原因之一。企业未能形成开放的创新体系，制约了技术创新的迅速推进。

（三）市场份额不稳定

1.市场波动风险

市场份额波动较大与市场波动风险密切相关。企业未能有效应对市场波动，导致市场份额无法稳定形成。

2.竞争对手压力大

市场份额不稳定还反映在竞争对手压力大上。一些企业面临激烈的竞争，市场份额的获得与失去形成了动态的过程，难以在产业链上稳定引领。

3.市场策略不灵活

企业在应对市场变化方面的策略不够灵活，导致市场份额受制于竞争态势，无法形成持续增长的势头。

四、科技创新受限的问题

部分企业在科技创新方面素养有待加强，对现代科技的应用较为保守。

（一）科技人才匮乏

1. 教育水平不足

科技人才匮乏的一个主要原因是地区教育水平相对较低。乡村地区的教育资源相对有限，缺乏高水平科技人才的培养基地，导致企业难以招募到具备创新能力的人才。

2. 人才留用机制不健全

即便有一些科技人才，由于乡村企业的人才留用机制不健全，缺乏吸引和留住人才的长期机制，使得这些人才也会倾向于选择在城市发展，造成了乡村科技队伍的匮乏。

3. 科研环境欠佳

乡村地区的科研环境相对滞后，缺乏吸引高水平科技人才的优越条件，使得科技人才对于留在乡村进行创新研究缺乏积极性。

（二）投入不足

1. 研发资金匮乏

部分乡村企业对科技创新的投入相对有限，无法提供足够的研发资金，导致科技创新活动无法得到充分支持。

2. 设备更新滞后

由于设备更新滞后，乡村企业在科技创新方面无法利用先进的技术设备，限制了科技创新的水平。

3. 管理体制不合理

存在一些乡村企业在科技创新投入方面管理体制不合理，决策层对于创新的认识和重视程度不够，导致整体投入水平的不足。

（三）信息闭塞

1. 信息渠道不畅

乡村企业受限于信息渠道，难以及时了解到新兴科技的发展动态，导致对创新方向的选择相对保守。

2. 科技交流平台不健全

乡村地区科技交流平台不健全，企业难以与外部的科技资源进行有效的对接，限制了新技术的引进和创新。

3. 科普宣传不足

乡村企业在科技创新方面的科普宣传不足，导致员工对科技创新的认识水平较低，难以形成全员参与的氛围。

第四节　生态保护意识不足

内蒙古大量村屯农民的教育经历不足，接触外来新鲜事物的渠道较少，理解能力不足，无法正确把握现代化生态文明建设理念，受传统朴素农牧思想的影响较深。农村地区的宣传团队力量匮乏，科普活动未能遵循规范原则，村两委并未正确宣传并引导本地居民形成生态文明理念。

一、教育水平与现代化理念脱节

（一）教育水平低导致理解能力有限

1. 教育资源不均衡

大量农民受教育水平低，主要因为农村地区的教育资源相对城市更为匮乏。这造成了农民对现代化理念的理解能力有限，缺乏对生态文明建设的深刻认识。政府需通过加大对农村教育的投入力度，改善学校设施和教育质量，提高农民整体的文化素养。

2. 传统农牧思想的影响

农民受传统朴素农牧思想的影响，更倾向依赖传统的农业生产方式。这种思想观念使得他们难以接受现代生态文明理念，影响了对生态环境保护的认知。在教育方面，需要通过开展农村文化传承和创新教育，纠正传统观念，培养农民对生态保护的深刻认识。

（二）依赖传统手段导致忽视生态平衡

1. 过度依赖农药与化肥

由于对现代农业技术的了解不足，农民过度依赖农药和化肥，以追求短期收益。这导致了农药残留和土壤污染，对生态平衡产生负面影响。相关政府部门应该加强对农民的培训，推广有机农业等环保农业技术，减少对化学农药的依赖。

2. 忽视农田生态系统

农民在日常农业生产中往往忽视农田生态系统的复杂性。他们倾向追求高产量，而忽视了农田的自然生态平衡。政府可以通过推动农田生态系统保护项目，引导农民更好地理解和应用生态平衡的原理。

二、宣传团队力量不足

（一）宣传团队规模和效果不匹配

1. 宣传力量不足

农村地区的宣传团队规模有限，人员素质不高，限制了对现代生态文明建设理念的宣传效果。政府和相关组织应该通过加大对宣传团队的培训和支持力度，提升他们的专业水平，增加宣传力量，以更好地传递生态保护理念。

2.宣传方式单一

部分农村的宣传方式相对单一，未能遵循规范原则，使得生态文明建设理念无法深入人心。宣传团队应采用更多元化、有针对性的宣传手段，如举办讲座、制作宣传视频等，以适应不同层次和年龄层的农民。

（二）村两委未能正确引导生态文明理念

1.村级领导缺乏生态理念

一些村两委成员可能缺乏对现代生态文明建设理念的深入了解，导致他们在宣传和引导居民方面存在盲点。政府可以通过提供培训和资讯，加强村级领导对生态理念的认识，使其能够更好地引导村民参与生态保护。

2.村级组织的运作不善

村两委在宣传和引导方面存在组织不善的问题，导致生态文明理念未能得到有效传播。村级组织需要加强内部管理，建设更加高效的组织结构，以更好地履行生态宣传的职责。

三、环境污染问题严重

（一）农药与化肥使用超过环境承受限度

1.过量使用对土壤的负面影响

部分乡村过量使用农药和化肥，使得农药残留和土壤污染问题愈发严重。政府需要通过加强监管，制定更为科学的使用标准，推动农民减少对化学农药的依赖，实现农业生产与生态环境的和谐共生。

2.地膜回收管理不善

在一些农村地区，地膜使用广泛，但回收管理不善，导致地膜随意丢弃，成为农田污染的一大原因。政府可以通过建立地膜回收体系，提供相应的回收奖励，引导农民更加环保地运用地膜，减少对农田的负面影响。

（二）人畜混居等环境问题

1.人畜混居导致生态破坏

在一些乡村，人畜混居现象普遍存在，这不仅容易传播疾病，还对周围的生态环境造成威胁。政府可以通过加强对养殖业的管理，规范养殖场地，推动农户合理规划居住区和养殖区，减少人畜共存产生的环境问题。

2.污水处理不善

农村地区普遍存在污水处理不善的问题，直接排放污水对水体和土壤造成污染。政府可通过推动建设农村污水处理设施，加强对农村排污点的监管，促使农民更加注重生活污水的科学处理，减缓环境污染问题。

第五节　治理水平有待提升

一、乡村治理体制机制还不健全

（一）传统乡村治理体系无法适应当前需求

1. 陈旧的管理观念

传统的乡村治理体系受到陈旧的管理观念的制约，难以适应当下社会变革和发展的需求。传统的管理方式注重维持秩序而非发展乡村经济，制约了宜居宜业和美乡村的建设。

2. 管理手段滞后

传统体系使用的管理手段相对滞后，无法灵活应对复杂多变的社会问题。缺乏信息化、数字化手段，使得治理效率降低，阻碍了宜居宜业和美乡村建设的进程。

3. 治理效率不高

由于传统体系的刚性管理，治理效率相对较低。决策层面较为集中，难以调动基层的积极性和创造性，制约了乡村治理体系的健全发展。

（二）宜居宜业和美乡村制度待细化和完善

1. 规章制度缺乏个性化

尽管内蒙古在宜居宜业和美乡村建设中创新形成了一系列制度，但这些制度在实际应用中未能充分考虑每个村落的特殊情况，缺乏个性化的规章制度。这使得一些制度对某些乡村不够贴合实际需求。

2. 管理体系不够灵活

在宜居宜业和美乡村建设中，需要更为灵活、适应性强的管理体系。现行的一些制度对应对新情况、新问题的能力还存在一定的不足，需要更为细化和完善。

3. 参与决策的层级有待优化

宜居宜业和美乡村建设需要更广泛的参与，然而现有的决策层级结构可能还不够平民化，基层居民参与决策的机会有限。优化层级结构，增加基层决策的权力，将更多资源和权力下放至村级，是当前治理体制亟待解决的问题。

二、内蒙古宜居宜业和美乡村建设导向下的乡村自治水平不到位

（一）乡村文化基础薄弱

1.受教育程度偏低

在内蒙古的乡村地区，乡村村民的受教育程度普遍较低，这成为乡村文化基础薄弱的一个主要因素。相较城市地区，乡村的教育资源相对匮乏，学校数量较少，师资力量不足，这导致了许多村民缺乏系统的基础教育。低水平的受教育程度不仅直接影响了村民对"宜居""宜业""和美"理论的理解，也制约了他们对自治概念的深刻领悟。

首先，内蒙古的地域广阔，不同地区的教育资源分配存在明显地不均衡。一些偏远地区的学校条件较差，师资力量不足，使得那里的乡村村民更难以接受良好的教育。这种地域差异导致了乡村文化基础的不均衡发展。

其次，部分乡村地区的教育资源相对滞后，缺乏现代化的教育手段和工具。这使得乡村村民的学习方式相对陈旧，对新理念的接受相对滞后。现代化的教育手段与技术的引入成为提升乡村文化基础的迫切需求。

2.缺乏对自治理念的深刻理解

即便是接受过一定程度教育的乡村村民，也普遍缺乏对自治理念的深刻理解。这不仅是因为传统文化观念的影响，更因为对现代自治概念的系统普及不足。自治不仅仅是一种行政管理模式，也是一种文化认同和共同价值的体现，缺乏这方面的认识直接阻碍了乡村自治水平的提升。

首先，在内蒙古的一些乡村地区，传统的家长制度和族规族矩仍然对村民的思维方式产生着深远的影响。自治概念与传统文化观念的冲突使得一些村民对自治的抵触情绪较为突出。需要进行深入的文化解构工作，以帮助他们打破陈旧观念。

其次，虽然自治理念在内蒙古乡村建设中有所体现，但对乡村村民的普及程度还不够。需要通过多种形式，如文化演出、宣传片、培训课程等，深入浅出地普及自治的概念，引导村民从文化深层次理解自治的重要性。

3.影响自治的社会经济因素

除了文化基础的薄弱，乡村自治水平还受到社会经济因素的制约。在一些乡村地区，由于社会经济发展水平相对滞后，村民更关注实际生计问题，而对自治的参与度相对较低。

首先，生计问题是影响村民参与自治的一大制约因素。在一些经济相对困难的乡村，村民更关心的是如何解决温饱问题，而非参与自治事务。因此，需要在解决实际问题的同时，提升村民对自治的认同感。

其次，一些乡村地区由于社会经济的滞后，缺乏多元化的就业机会，使得村民对自治的关注度较低。要推动自治水平的提升，需着力解决乡村社会经济的滞后问题，为村民提

供更多实际发展机会。

（二）村民对建设关心度不高

乡村村民对宜居宜业和美乡村建设的关心度不足，缺乏对乡村自治的热情和理解。这导致许多治理决定只能由基层干部独自实施，村民的参与度不高，制约了乡村治理的有效性。

1.信息传播渠道不畅

乡村村民对宜居宜业和美乡村建设的关心度不高，部分原因在于信息传播渠道的不畅。相较城市，乡村的信息传递手段相对有限，使得有关建设的信息难以迅速、全面地传达到每个村民，从而降低了他们对建设的关注度。

（1）传统宣传手段的局限性

在一些乡村，仍然沿袭传统的宣传方式，如张贴海报、开展座谈会等，这种传统方式在覆盖面和时效性上存在明显的不足。需要在信息传播中引入更加灵活、多样的手段，以满足不同村民的接受需求。

（2）数字鸿沟的存在

由于一些乡村地区的数字化水平较低，互联网覆盖不足，使得村民无法便捷地获取到有关建设的最新信息。政府和相关组织需要加大对数字化设施的投入力度，建设更为完善的信息网络。

2.利益诉求不明确

乡村村民对建设的关心度不高，其中一个原因在于缺乏明确的个体利益诉求。对生计和经济问题更为关切的村民，可能会将更多的关注点放在解决眼前实际问题上，而对宜居宜业和美乡村建设的远期收益关注较少。

（1）缺乏实际利益的驱动

宜居宜业和美乡村建设的成功需要更多的长远眼光，而村民在面临当前生计问题时，难以将注意力转移到更为宏观和远期的建设目标上。因此，需要在建设过程中兼顾当下村民的实际利益，使其更好地参与进来。

（2）利益分配机制的不透明

有关建设的决策和实施，如果缺乏公正、透明的利益分配机制，就容易导致村民对建设的关心度下降。政府和相关组织需建立合理的利益激励机制，让村民更好地理解并参与到建设中来。

3.缺乏参与的平台和机会

在一些乡村，由于缺乏有效的参与平台和机会，村民往往难以表达自己的意见和建议。这导致了治理决定过于集中在基层干部手中，削弱了村民的主动性和参与度。

（1）参与平台的匮乏

缺乏有效的参与平台是导致村民不参与建设的重要原因之一。政府可以通过建立定期的村民座谈会、设立建设咨询热线等方式，主动邀请村民参与建设讨论。

（2）权力分配机制的不合理

在一些乡村，权力分配不合理，导致基层干部垄断了治理权力。建设中的决策和实施应更加注重民主、公平的原则，让更多的村民参与其中，形成共建共治的局面。

（三）乡村"空心化"严重

在一些地区，乡村出现了严重的"空心化"现象，大量村民离开乡村，导致治理主体缺失，乡村自治水平降低。鄂尔多斯市准格尔旗的例子表明，"空心化"成为乡村治理的常态，给乡村建设带来极大的挑战。

1.人口流失的深层次原因

乡村"空心化"现象的首要原因在于大量村民的人口流失。这一现象并非单一原因所致，而是涉及多方面的深层次问题。首先，由于乡村就业机会相对有限，年轻人更倾向到城市寻找更广泛的发展机会，导致大量劳动力外流。这种外流现象不仅造成了人口的减少，还引发了"空心化"现象的扩散。

（1）就业机会不足

乡村地区的产业结构相对单一，就业机会相对有限。农业劳动力在现代社会面临的挑战和机遇，使得年轻人更倾向选择城市的工商业就业机会。政府和相关部门需要思考如何在乡村建设中增加就业机会，以留住人才，维持乡村的活力。

（2）教育资源不足

由于乡村的教育资源相对匮乏，优质的教育机会有限，很多年轻人选择到城市接受更好的教育。这导致了人才的外流，加速了乡村的"空心化"进程。建设更多的高质量教育资源，早期培养当地人才成为避免出现乡村"空心化"现象的一项重要举措。

2.社会经济发展不平衡

"空心化"现象背后，是乡村社会经济发展不平衡的体现。乡村地区由于历史原因、地理条件等因素，发展水平参差不齐，导致一些地区的吸引力相对较低。这种不平衡地发展局面加速了人口向中心地带的集聚，使得乡村边缘地区"空心化"现象更为显著。

（1）资源配置不均

一些地区由于资源条件的制约，无法提供与城市相媲美的基础设施和公共服务。这使得乡村居民在生活水平和便利性上感受到不公平，更愿意向城市转移，寻找更好的发展机会。政府需加大对资源条件相对薄弱地区的扶持力度，推动社会经济的均衡发展。

（2）城市化带来的吸引力

城市化进程对城市的吸引力使得乡村人口更易受到城市生活方式和发展机会的诱导。城市中心地带的优势资源吸引了乡村居民，使得乡村"空心化"现象愈发显著。乡村建设需要更加注重提升基础设施和公共服务水平，以提高乡村的整体吸引力。

3.基层治理体系的不完善

乡村"空心化"现象背后，基层治理体系的不完善起到了推波助澜的作用。在一些地区，基层治理体系缺乏有效的激励机制，导致基层干部无力应对人口外流和乡村"空心化"问题。

（1）激励机制不足

基层治理中，缺乏激励机制使得基层干部对乡村建设的热情和主动性不足。治理体系需要更加完善，建立起一套能够激发基层干部积极性的机制，使其更有能力引领乡村建设。

（2）决策过程的封闭性

一些地区基层治理决策过程较为封闭，少数人垄断了治理权力，难以形成广泛的参与共识。开放决策过程、提高基层治理的透明度，对缓解乡村"空心化"现象至关重要。

第七章 内蒙古建设宜居宜业和美乡村的现实路径

第一节 统筹推进乡村生态整治，提升环境监管效能

一、优先统筹推进农村生态环境整治，建立健全农村环境治理体制机制

（一）建立资金保障机制

1. 财政投入的加大

（1）财政预算的优化

为确保农村生态环境整治项目的有力推进，各级政府应当对财政预算进行优化。通过合理分配、精准定额，确保资金的有效使用。同时，要加强监督和审计，确保财政资金使用的透明度和效益。

（2）专项资金设立

政府可以设立专项资金用于农村生态环境整治，确保项目实施所需的经费得到及时拨付。这有助于提高项目推进的效率，防止因财政拨款不足而影响工程进度。

（3）财政激励政策的出台

鼓励各级政府可以制定相应的激励政策投入生态环境整治。这包括对生态环境整治领域的财政奖励、绩效考核和项目进展的激励机制，以推动各级政府加大对生态环境治理的财政支持力度。

2. 鼓励村民筹款参与

（1）村民自愿参与的引导

政府可以通过宣传和教育，引导村民自愿参与生态环境整治筹款。通过在村民中宣传项目的意义和效益，激发他们对环境整治的主动性。这有助于形成全社会共同参与生态环境治理的氛围。

（2）资金筹集机制的建立

设立专门的资金筹集机制，如生态环境保护基金或专项募捐账户，用于接收来自村民的捐款。为确保捐款使用透明、公正，同时建立相应的监督机制，以增强筹资的合法性和

规范性。

3.政府激励政策的制定

政府可制定激励政策，鼓励村民积极参与资金筹集。例如，对捐赠者给予一定的税收优惠或社会荣誉，以提高村民的捐款积极性。这有助于形成多元化的资金来源，减轻政府的财政压力。

（二）技术研发和产业化推动

1.农业农村生态环境技术研发

（1）科研机构的支持

政府可加大对科研机构的支持力度，鼓励其在农村生态环境领域进行前沿技术研发。设立专项科研项目，引导科研人员投入农村环境治理的关键技术攻关中，提高治理效果。

（2）技术创新平台的建设

建设农村生态环境技术创新平台，促进不同领域的技术交流与合作。通过平台的建设，推动农业农村生态环境治理技术的集成与创新，形成技术研发的合力。

（3）人才培养与引进

加强人才培养和引进，培养一批在农村环境领域具有深厚科研经验的专业人才。通过建立科研团队，推动农业农村生态环境领域的技术创新和进步。

2.产业化推动生态环境整治

（1）环保产业园区建设

政府可投资兴建环保产业园区，为农村生态环境技术产业化提供有力支持。园区内可设立科研中心、示范项目，吸引企业参与技术产业化。

（2）财政和税收激励政策

建立财政和税收激励政策，对参与农村生态环境整治产业化的企业给予一定的财政奖励和税收减免。这有助于吸引更多的企业参与，推动产业化的迅速发展。

（3）农业生态旅游的融合发展

将农村生态环境治理与农业生态旅游相结合，形成多元化的产业发展格局。通过发展农业生态旅游，吸引游客参与农村生态环境保护，实现经济效益与环境效益的双赢。

（三）因地制宜选择治理手段

1.定制化的治理手段选择

（1）地理特点的考量

在治理中充分考虑每个地区的地理特点，包括地势、水文情况等因素。例如，在山区地区，可以采用梯田污水处理系统，充分利用地形，降低治理成本。

（2）生态环境的保护

根据不同地区的生态系统特征，选择最适合的治理手段。例如，在生态脆弱区域，可采用生态修复技术，促进植被恢复，提高土地的生态承载力。

（3）人文因素的综合考虑

考虑当地居民的生活方式和文化传统，选择更符合当地实际情况的治理手段。例如，在农牧区域，可以借助农业生态系统，实现农业废弃物的有机处理，促进资源循环利用。

2.生活垃圾分类处理

（1）制定详细分类标准

政府可制定详细的生活垃圾分类标准，明确可回收物、有害垃圾、湿垃圾等不同分类。通过宣传教育，提高居民对分类的认知和积极性。

（2）建立分类处理设施

投资建设生活垃圾分类处理设施，包括分类回收站、有害垃圾处理中心等。确保分类后的垃圾得到科学、高效的处理，减少对环境的污染。

（3）资源化利用和能源回收

推动生活垃圾的资源化利用，如有机废弃物通过堆肥变废为宝，产生的沼气用于能源回收。这种循环利用模式不仅降低了环境负担，还为当地提供了可再生能源。

（四）种养结合优化畜禽业和养殖业布局

1.建立优惠政策

（1）财政补贴政策

政府可制定财政补贴政策，对采用种养结合模式的畜禽业和养殖业给予适当的财政支持。这有助于农民降低养殖成本，提高生产效益，同时引导产业朝着更环保、可持续的方向发展。

（2）税收激励措施

设立税收激励政策，对采用种养结合的养殖场所给予一定的减免税额。通过税收优惠，鼓励养殖业者选择更科学的种养结合方式，降低资源浪费和环境污染。

（3）技术培训和咨询服务

提供免费或优惠的技术培训和咨询服务，帮助农民更好地掌握种养结合的技术要领。通过提高农民的技术水平，促使畜禽业和养殖业更加合理的布局，减轻对环境的不利影响。

2.引导中小规模经营性养殖户的调整

（1）转产转业扶持政策

政府可制定扶持中小规模经营性养殖户进行转产转业的政策，提供相应的补偿和培训。鼓励那些环境容量达到上限或者面临产业升级需要调整的养殖户选择新的经营方向，以减轻农村环境压力。

（2）土地资源整合与流转

支持中小规模养殖户进行土地资源整合与流转，形成规模化、集约化的养殖模式。通过整合资源，提高养殖效益，减少对土地的过度利用，推动畜禽业和养殖业的良性发展。

（3）农村产业升级规划

制订农村产业升级规划，引导农民选择更符合当地环境承载力的产业。通过科学规划，确保农业和畜禽养殖业的协同发展，实现农村经济的可持续增长。

二、弥补农牧民人居环境长效保护机制的发展缺漏

（一）明确发展职责，建立长效监护机制

1. 发展职责的明确

明确政府、职责部门、运行管理单位在农村牧区人居环境长效保护中的发展职责。通过细化每个单位的具体任务，建立清晰的责任体系，确保各方在人居环境保护中担负明确的职责，形成长效的协同机制。

2. 建立长效监护机制

建立长效监护机制，确保人居环境的长期保护。这包括建立相关的监管和督导机构，加强对人居环境整治的监测和评估，及时发现问题并提出改进方案，形成具有持续性的长效监护机制。

（二）公益岗位优势发挥，组建高水平管理团队

1. 公益岗位的优势发挥

充分发挥公益岗位在农村牧区人居环境整治中的优势。通过设立专门的岗位，从低收入群体中招聘专业的管护人员，提高管理团队的专业水平，确保人居环境的高效治理。

2. 高水平管理团队的组建

组建高水平的农村牧区人居环境整治管理团队。该团队应具备专业的环境治理知识和丰富的实践经验，能够根据当地实际情况提供科学合理的管理建议，实现人居环境的长期改善。

（三）基础设施产权公示，引导社会参与

1. 基础设施产权公示

将农村牧区人居环境基础设施的产权归属进行公示。通过公开透明的产权信息，引导社会各方参与，形成多元化的管理体系，推动人居环境整治工作的开展。

2. 系统化专业化管护

弥补基础设施建设和管理制度的发展缺漏，实现农村牧区卫生厕所、村庄保洁、生活垃圾污水处理设施等的系统化专业化管护。通过建立完善的管理制度，确保基础设施的高效运行和长期维护。

（四）建立清掏和付费机制

1. 卫生厕所清掏机制的建立

建立农村牧区卫生厕所清掏机制，确保卫生设施的有效运行。通过明确清掏责任和周期，避免卫生厕所因清理不及时而影响使用效果。

2.付费机制的建立

建立农村牧区人居环境付费机制，包括处理生活垃圾污水的付费。通过适当的补贴和付费机制，形成政府、农牧户合理分担的运行管护经费支持链。确保管护经费的充足，推动人居环境整治的可持续发展。

第二节 全面提升乡村规划水平，发挥群众主体作用

一、注重科学且合理地规划

内蒙古各级政府应该强化自身的责任使命，真正把握科学规划的现实价值，注重前瞻规划、系统规划、民主规划、长期规划、可行性规划。

（一）重视村庄规划前的调研工作

1.深入了解村庄发展规律

（1）实地调查与数据收集

在进行调研工作时，政府可以通过实地走访、座谈会、问卷调查等手段，全面收集村庄的相关信息。这包括自然环境、居民生活状况、经济产业结构、文化传承等多个方面的数据，以建立起对村庄的全面了解。

（2）发展规律总结与归纳

通过对数据的深入分析，政府能够总结村庄发展的规律。这可能涉及不同村庄之间的共性和差异，以及村庄发展的内在动力。总结规律有助于在规划中更好地把握发展趋势，避免盲目性和随意性。

（3）问题诊断与需求明确

调研工作还应当重点关注村庄存在的问题和居民的需求。政府需要诊断出村庄发展中的瓶颈和困难，明确居民对基础设施、公共服务、产业发展等方面的需求，为后续规划提供科学依据。

2.规避本位主义的影响

（1）客观数据为基础

规避本位主义的关键在于建立在客观数据基础上的规划。政府在调研中需确保收集的数据具有科学性和客观性，避免主观臆断的介入。例如，通过遥感技术获取自然环境数据，通过统计数据获取经济发展情况。

（2）专业团队参与

为了确保规划的专业性，政府可以邀请城市规划专业团队参与调研和规划工作。专业团队能够从更专业地角度提供建议，确保规划更加科学、实用和符合城乡发展规律。

（3）多方意见征集

为了减少本位主义的影响，政府在调研中要积极征集多方面的意见。可以组织专家座

谈、公民论坛等形式，广泛听取来自不同领域和层面的建议，确保规划更具广泛性和包容性。

3.推动民主规划

（1）信息透明与公开

在调研和规划过程中，政府要保持信息的透明和公开。及时向村民公布收集到的数据和规划方案，提高村民对规划过程的了解程度，为民主参与奠定基础。

（2）座谈会与问卷调查

推动民主规划可以通过组织座谈会、问卷调查等形式，让村民更直接地参与到规划决策中。政府可以根据调研结果，就不同方面邀请村民提出建议，形成对规划的集体共识。

（3）共建共享的理念

强调共建共享的理念，鼓励村民积极参与规划，让他们意识到规划不仅是政府的事务，也是每个村民共同打造美好家园的事业。政府可以通过教育宣传，增强居民的规划参与意识。

（二）加大村庄规划编制力度

1.切实可行的规划

（1）实地调研与问题识别

在规划编制的初期，政府应当进行充分的实地调研，深入了解村庄的实际情况。通过与村民的沟通，收集问题和需求，确保规划具有针对性和实际可行性。

（2）产业发展路径规划

制订切实可行的规划需要注重产业发展路径的规划。政府应该根据村庄的资源禀赋、市场需求等因素，科学确定产业发展方向，避免盲目跟风，确保规划的可行性。

（3）群众参与共建共享

群众参与是切实可行规划的关键环节。政府可以通过座谈会、征求意见等方式，让村民直接参与规划编制过程，形成共建共享的理念，确保规划符合群众的实际需求。

2.注重长期规划

（1）可持续发展目标设定

村庄规划应该设定可持续发展的长远目标。政府需要明确未来5年、10年、20年的发展方向，考虑资源的长期利用和环境的可持续性，确保规划具有战略性和前瞻性。

（2）基础设施与公共服务规划

长期规划需重点关注基础设施和公共服务的规划。确保基础设施建设不仅可以解决当前问题，还要能满足未来发展需求。这可能包括道路建设、水电供应、教育卫生等方面的规划。

（3）科技创新与人才培养

在长期规划中，政府需注重科技创新和人才培养。通过引进科技和培养人才，提高村庄的综合竞争力，使其能够在未来更好地适应社会经济的发展趋势。

3.避免"表面功夫"

（1）问题导向与解决方案

规划编制过程中，政府要坚持问题导向，不仅要识别问题，还要提出切实可行的解决方案。规划不应只停留在表面，而是要深入挖掘问题的本质，提出系统性的解决方案。

（2）规划的可操作性与适应性

规划的可行性不仅要注重当前的可操作性，还要考虑未来的适应性。政府制订规划时应该考虑多种发展情景，确保规划不仅要适用于当前，也要符合未来的发展需要。

（3）监测与调整机制建立

为了避免"表面功夫"，政府应建立规划的监测与调整机制。定期对规划的执行情况进行评估，根据实际情况及时调整规划，确保其持续的实施和有效性。

（三）重视村庄特色空间的塑造和人文环境因素的规划

1.因地制宜的空间规划

（1）地理特点的综合考虑

在进行空间规划时，政府需要综合考虑村庄的地理特点，包括地形、气候、水资源等。因地制宜地规划出合理的空间布局，使村庄的发展更加符合自然条件。

（2）生态环境的保护与利用

空间规划要注重生态环境的保护与利用。通过合理的空间布局，保留自然生态系统，同时在可持续的前提下进行合理地开发利用，实现生态与发展的双赢。

（3）社区功能的合理分区

根据当地实际需要，对村庄进行社区功能的合理分区。例如，设立生活区、农业区、文化区等，使每个区域的功能更加明确，便于居民的生活和发展。

2.突出乡村文化和历史特色

（1）传统建筑的保护与复兴

规划中要注重保护传统建筑，同时进行复兴和修缮。通过合理规划，使传统建筑融入现代生活，展现乡村独有的历史文化底蕴。

（2）当地传统文化的挖掘和传承

规划中要注重挖掘和传承当地的传统文化。政府可以设立文化展示馆、举办传统文化活动，通过规划引导，使传统文化成为村庄发展的重要元素。

（3）文化遗产的合理开发利用

制订规划时要考虑如何合理开发利用文化遗产。通过规划引导，可以建立文化产业，使乡村在传统文化的基础上实现经济的可持续发展。

3.民风民俗的发展魅力

（1）乡风民俗的活化传承

规划中要注重乡风民俗的传承，通过各类活动活化民风民俗。政府可以组织节庆、民俗表演等，使传统风俗成为村庄的一大亮点。

（2）打造特色文化街区

在规划中可以打造特色文化街区，集中展示当地的特色文化和民风民俗。通过创意设计和建筑布局，形成具有吸引力的文化景观。

（3）文化教育的引导与培养

制订规划时要注重文化教育的引导与培养。通过建设文化教育设施，培养当地居民对民俗文化的热爱，形成对本土文化的自豪感。

二、规划要立足政府主导，兼顾群众意见的原则

内蒙古宜居宜业和美乡村建设应当是从上往下。以往政府在投资、施工、建设等步骤均占据主导地位，虽然提高了乡村基础建设水平，但也会导致村民"等、靠、要"的消极思想更加严重。在此基础上，内蒙古建设宜居宜业和美乡村必须注重发挥人民群众的力量，增强人民群众的参与感与满足感。

（一）创设和美乡村建设村民代表会

1.政府主导的基础建设

（1）全面投资的战略布局

在内蒙古宜居宜业和美乡村建设中，政府通过全面投资的战略布局，将重心放在乡村的基础建设上。这包括道路、水利、电力、通信等方面的投资，可以为乡村提供良好的基础设施，为乡村的整体发展打下坚实基础。

（2）提高基础建设水平

政府主导的基础建设提高了乡村的基础设施水平，加强了农村对城市的连接，使农民更便利地参与社会、经济活动。同时，这可以为乡村治理、产业发展等提供有力的支持。

（3）保障农村居民的基本生活

通过政府主导的基础建设，农村居民的基本生活得到了保障。例如，交通便利化带来的物流畅通，水利设施改善带来的农田灌溉条件改善，都直接影响到农民的生产生活水平提升。

2.消除"等、靠、要"的思想

（1）引导村民树立正确的发展观

政府应通过开展教育宣传，引导村民树立正确的发展观。鼓励村民在政府支持的同时，积极主动的发展农业产业、发起合作社等形式，培养村民的独立经济意识。

（2）推动农村产业多元化发展

为了避免"等、靠、要"的思想滋生，政府可以通过推动农村产业多元化发展，鼓励村民参与不同的产业，降低对政府支持的过度依赖。

（3）加强农村教育宣传工作

通过农村教育宣传工作，加强对村民的培训，提高他们对市场经济和自主创业的认识。这有助于消除"等、靠、要"的消极思想，培养村民的自主创业意识。

3.建设村民代表会

（1）代表会成员的选拔与培训

为了确保村民代表会的有效运作，应该对代表会成员进行公正的选拔，并提供相关的培训，使其具备代表性、协商能力和监督水平。

（2）实时监督和美乡村建设行为

村民代表会应当自觉履行实时监督的职责，对和美乡村建设行为进行严密监督。通过定期报告、公示和群众反馈，确保建设活动的透明度和合法性。

（3）职责的明确与分工协作

村民代表会的成员要明确各自的职责，并分工协作，确保代表会在决策过程中能够充分代表村民利益，形成良好的决策机制。

（二）积极收取人民群众的发展建议

1.宣传教育和美乡村建设内涵

（1）政府主导的宣传计划

为增强人民群众的参与感，政府应制订全面的宣传计划，明确传达和美乡村建设的内涵和意义。通过电视、广播、社交媒体等多渠道宣传，使广大村民了解建设的目标、理念和未来发展方向。

（2）举办宣讲会和培训班

在乡村中举办宣讲会和培训班，由政府官员、专业人士介绍和美乡村建设的相关知识，解答村民疑虑，提高他们对建设的认同感和支持度。

（3）信息透明化与互动性

利用互联网平台建立和美乡村建设的信息发布渠道，实现信息透明化。鼓励村民通过在线平台提出问题和建议，增强互动性，使平台成为联系政府和村民之间建立更紧密的桥梁。

2.民主收集发展建议

（1）设立建议箱和咨询热线

在每个村庄设立建议箱，为村民提供一个匿名或实名提出建议的途径。同时，设立咨询热线，方便村民随时联系政府，提出关于和美乡村建设的各类问题和建议。

（2）定期组织座谈会

定期组织座谈会，邀请村民代表、专业人士参与，开展关于发展建设的座谈和研讨。通过集体讨论，收集不同意见，形成共识，推动和美乡村建设更好地符合村民的期望。

（3）利用社区网络平台

利用社区网络平台，建立线上讨论区，鼓励村民积极参与。政府可以通过这个平台收集村民对和美乡村建设的看法和建议，形成多元的决策参考。

3.根据支持进行发展建设

（1）建立评估机制

建立科学的评估机制，对收集到的建议进行评估。通过专业评估团队对建议的可行性、合理性进行评估，筛选出符合实际可行的建议，确保建设方向更科学、更符合实际。

（2）举办决策公示会

在决策过程中，政府可以举办决策公示会，将最终的发展建设方案向村民公示，并听取他们的反馈。这有助于确保决策的透明度和合法性，增强村民对建设的信任感。

（3）多方协商的共识

通过座谈、讨论、协商等形式，促使政府与村民形成共识。确保政府的发展计划既符合国家政策，又能够解决村民关心的实际问题，达到双赢的效果。

（三）避免形式主义与政绩导向

1.坚持政府主导地位

在发挥人民群众的力量的同时，要坚持政府的主导地位。政府有责任提供科学的规划和有效地决策，确保建设工作的顺利进行。政府的主导地位是保障和美乡村建设顺利推进的基础。

2.发挥专家引导和部门参与的价值

政府应该发挥专家引导和相关部门参与的价值。专家可以提供科学的意见，帮助规划更加科学合理。各部门参与则有助于整合资源，形成合力，提高建设的效率。

第三节 重点实施乡村政策引导，促进产业创新发展

一、发挥龙头企业的引导价值

（一）扶持龙头企业

1.政策扶持的具体措施

（1）财政资金支持

政府可以向地方农牧民专业合作经济组织和有潜力的农牧业企业提供财政资金支持。这些资金可用于技术创新、设备更新、人才引进等方面，帮助企业提升生产力和竞争力。

（2）税收政策优惠

实施税收政策的优惠，减轻农牧业龙头企业的负担。政府可以降低企业的所得税率、增值税率等，鼓励企业增加投入，推动产业升级和技术创新。

（3）建立扶持基金

政府可以建立专门的扶持基金，用于支持农牧业龙头企业的发展项目。这包括项目投资、技术研发、市场拓展等方面，通过提供资金支持，促使企业更好地发挥引领作用。

2.培育农牧业龙头企业

（1）市场机制引导

政府可以通过引导企业充分利用市场机制，鼓励其在内蒙古农牧业领域投资兴业。通

过市场导向的手段，发现和培育有潜力的龙头企业，提高其市场竞争力。

（2）产业研究和定位

进行农牧业产业研究，明确有潜力的农牧业龙头企业。政府可以委托专业机构进行产业定位，了解市场需求，为企业提供明确的发展方向。

（3）提供培训与技术支持

为农牧业龙头企业提供培训与技术支持。通过开展培训课程，提高企业管理水平和员工技能。同时，提供最新的农牧业技术支持，帮助企业提升生产效率。

3.金融支持与降低融资成本

引导金融机构加大对农牧业龙头企业的金融支持力度。政府可以与金融机构合作，推动提供更多的贷款和融资产品，降低企业的融资成本，加强企业的资金实力。

（二）资源优化配置

1.土地流转政策的实施

（1）鼓励性政策的制定

政府可以制定鼓励性政策，激励农牧民将土地流转给龙头企业。这包括提供一定的流转补贴、税收减免等优惠政策，以降低农牧民的流转成本，促进他们更积极地参与土地流转。

（2）明确的流转程序和条件

通过明确的流转程序和条件，政府可以规范土地流转的过程，保障农牧民的权益。政府应当制定详细的流转合同模板，明确双方的权责，确保土地流转在合法、有序的基础上进行。

（3）法律支持和权益保障

政府需要提供法律支持，通过法规和法律手段明确土地流转的法律地位和权益保障。这有助于减少流转中的法律纠纷，为农牧民和企业提供可依赖的法律框架。

2.资源整合的协同发展

（1）建立资源整合合作平台

政府可以主导建立资源整合的合作平台，为农牧民和龙头企业提供一个协同发展的交流平台。这可以包括线上平台和线下合作组织，促进信息的共享和资源的整合。

（2）鼓励合作社和专业合作组织的建立

政府可以通过激励政策，鼓励农牧民与龙头企业建立合作社、农牧民专业合作组织等形式，实现资源的共享和优势互补。这有助于提高农牧业的整体效益，促使参与方更有积极性。

（3）财政资金和税收优惠的引导

政府可以引导资源整合的协同发展通过提供一定的财政资金支持和税收优惠。这可以作为激励措施，帮助农牧民更主动地投入资源整合合作中，推动农牧业的可持续发展。

（三）集约化生产

1.主导产业的明确

龙头企业在实现集约化生产时，需要明确主导产业，将资源集中用于支柱性产业的发展。政府可以通过与企业的战略对接，明确企业在农牧业中的主导产业，确定发展方向。另外，政府还可以为主导产业提供相关的政策支持，包括财政奖励、税收减免等，以增强企业的发展动力。

2.资源整合的优化配置

政府要鼓励龙头企业通过整合资源，实现农牧业的集约化生产。可以通过建设现代化农牧业园区、示范基地等方式，推动企业加大对生产要素的整合力度。另外，政府还可以提供相应的财政支持，用于企业生产设施的建设和技术改造，提高农牧业生产效率，推动集约化生产的实现。

（四）产业链协同发展

1.市场需求的调查与研究

（1）市场调查机构的建立与支持

政府可以建立专门的市场调查机构，负责收集和分析农牧产品市场的相关数据。通过支持这些机构，政府可以提供市场需求的及时、准确信息，帮助龙头企业更好地了解市场动态，调整产业链布局。

（2）市场调查的政策支持

政府可以出台相关政策，支持农牧企业进行市场调查。这包括财政补贴、数据共享等措施，鼓励企业积极参与市场调查，深入了解市场需求和趋势。

（3）市场需求的信息发布

政府可以设立信息发布平台，及时向农牧企业发布市场需求的信息。这有助于提高企业对市场的敏感性，使其更具有前瞻性，调整产业链以适应市场的变化。

2.战略规划的制定

（1）产业链协同发展战略的指导意见

政府可以提供对产业链协同发展战略的指导意见，引导企业在规划中充分考虑农牧业与农牧产品加工业的关系。政府可通过组织专业人士和企业代表进行座谈、研讨，形成科学的指导意见。

（2）政策支持的战略规划

政府可以通过财政奖励、税收优惠等政策手段，支持企业的战略规划。对符合产业链协同发展方向的企业，政府可以提供一定的经济激励，以促使企业更积极地制订和实施战略规划。

（3）专家评估和监督机制

政府可以建立专家评估和监督机制，确保企业制订的战略规划科学、合理。通过邀请相关领域的专家组成评估团队，对企业的规划进行评估，提供建议和指导，确保规划的质量和可行性。

二、发挥科技的助推作用

（一）构建数字化平台

1."互联网＋农村产业"

内蒙古农村产业可以充分利用"互联网＋"和数字技术的发展优势，政府主导下构建大数据发展平台。通过引入先进的信息技术，可以实现对农村产业的全面监测和管理。政府可以与科技企业合作，建设数字化平台，为农牧产品的生产、加工、销售等环节提供信息化支持。这个平台可以整合各方资源，提高农牧业的产业链管理水平。

2.农村产业数字化升级

数字化平台可以成为农牧产品加工、采购、销售、宣传的重要渠道。政府可以鼓励农民和企业使用数字技术，提高生产效率和产品质量。通过数字化平台，农产品的生产和流通环节可以更加透明、高效，有助于提高农产品的附加值。政府还可以推动农牧业与电商平台的对接，促使更多的农产品进入线上市场。

（二）统一处置与管理

1.建设大数据管理平台

政府可以建设大数据管理平台，实现对农牧产品的统一处置和集约化管理。通过引入先进的数据分析技术，可以更加精准地监测农牧产品的生产和流通情况。政府可以与科技企业合作，建设信息共享平台，让农民和企业能够及时获取市场信息和政策动向。这样的平台可以提高农牧产品的管理水平，降低信息不对称的问题。

2.产业链的信息化管理

政府要推动农牧业实现产业链的信息化管理。通过建设信息化平台，可以将农牧产品的生产、加工、销售等各个环节纳入统一的信息管理系统中。政府可以建立标准化的信息采集和上传机制，确保农牧产品的信息真实可信。这有助于提高产业链的透明度，降低信息不对称带来的交易成本，提高农牧产品的市场竞争力。

（三）综合电子商务平台

1.整合产业链资源

政府可以通过整合人才培养、产运销、金融服务等板块，建设功能丰富、地方特色鲜明的综合电子商务平台。这个平台可以整合农牧业产业链上下游的资源，实现一体化运营。政府可以推动平台与各级农牧企业建立合作关系，共同打造有竞争力的农牧业综合电商平台。

2.促进农牧产品销售

综合电子商务平台有助于打通产业链各个环节，提高农牧产品的市场竞争力。政府可以推动平台开展线上线下联动的销售活动，为农民提供更广阔的销售渠道。通过引入金融服务，可以解决农民的融资问题，促进农牧产品的生产和销售。政府还可以制定相关政策，鼓励企业入驻平台，推动平台的快速发展。

三、发挥品牌效应

（一）农牧产品质量监管

1.产业链可视化监管

（1）建立信息共享平台

政府与科技企业合作，建设农牧产品产业链信息共享平台。该平台整合各个生产基地、加工环节和流通环节的数据，实现农牧产品产业链的全程监控。政府可以提供资金支持和政策激励，鼓励企业积极参与平台建设。

（2）引入先进检测技术

政府可以引入先进的监测技术，包括物联网、大数据分析等，对农牧产品产业链进行实时监测。通过传感器、监控摄像头等设备，及时获取生产过程中的关键数据，确保质量安全的可追溯性。

（3）政府监管体系的建设

建立政府监管体系，负责对信息共享平台的监管和管理。政府监管部门可以制定相关监管规范，对产业链可视化监管的技术标准、数据安全等方面进行管理，以确保监管体系的科学性和规范性。

2.建设质量溯源系统

（1）推动质量溯源技术的应用

政府可以推动农牧产品质量溯源技术的应用，包括条码、RFID（射频识别）等技术手段。通过为生产企业提供质量溯源技术的培训和支持，促使企业更广泛地应用这些技术，提高产品质量的可追溯性。

（2）建立溯源数据库

政府可以建立农牧产品质量溯源数据库，收集和存储产品的溯源信息。这包括生产环节的各项数据，如种植、养殖、加工等，以及产品流通的相关信息。政府可以通过政策引导，鼓励企业主动上传溯源数据，并确保数据的真实性和完整性。

（3）质量监管机构的设立

设立专门的质量监管机构，负责对农牧产品的质量进行监督和检测。该机构可以利用质量溯源系统的数据，有针对性地选择样本进行检测，对不合格产品进行追溯处理。政府可以为监管机构提供足够的人力和物力支持，确保监管工作的顺利进行。

（二）认证与品牌建设

1.推动无公害与有机认证

（1）设立认证机构与审核标准

政府应设立专门的认证机构，负责无公害和有机认证的审核与管理工作。该机构可以制定详细的审核标准，确保认证的科学性和可信度。同时，政府应引导农民了解认证的重要性，并提供相关培训，帮助他们更好地符合认证标准。

（2）衔接国家政策与标准

政府应推动无公害和有机认证标准与国家相关政策相衔接，确保认证体系的科学合理。政府可以牵头制定与国家相关政策相一致的认证标准，使农牧产品的认证更符合国家食品安全和农业可持续发展的政策导向。

（3）促进农民申请认证

政府可通过提供财政支持或补贴，鼓励农民积极申请无公害和有机认证。政府可以设立资金专项，帮助农民改善生产条件，提高产品质量，以更好地符合认证标准，促进认证工作的顺利进行。

2.打造地方特色品牌

（1）扶持国家级与自治区级名牌

政府可以制定扶持政策，鼓励农牧民自主申报国家级与自治区级名牌。政府可提供品牌建设的专项资金，支持企业进行品牌宣传和推广，提高品牌的知名度。这有助于塑造具有地方特色和文化内涵的品牌形象。

（2）引导企业建立独特品牌

政府要鼓励企业建立独特的农牧产品品牌，注重产品的差异化和特色化。政府可以提供市场调研和品牌策划的支持，引导企业发现并突出产品的独特之处，形成具有竞争力的品牌。

（3）提高产品附加值与经济效益

政府可以通过品牌建设，提高农牧产品的附加值。通过提高品牌知名度和美誉度，政府可以引导市场接受更高的产品价格，提高产品的经济效益。政府可以制定奖励政策，对品牌建设取得显著经济效益的企业进行奖励，激发更多企业参与品牌建设。

3.市场推广与经济效益

（1）举办展会与推介会

政府可以组织各类展会、推介会，将农牧产品推向市场。通过展示农牧产品的品质和特色，政府可以吸引更多消费者的关注，提高产品的市场占有率。政府可以为企业提供参展资金和宣传支持，确保推介活动的顺利进行。

（2）合作商协会与电商平台

政府可与商协会、电商平台等合作，拓展农牧产品的销售渠道。通过与电商平台合作，政府可以提高农牧产品的线上销售量。与商协会合作，政府可以通过合作协议推动农产品的销售与市场开拓。政府可以提供相关的支持政策，促使商协会与电商平台更积极地支持农牧产品的推广与销售。

（3）奖励经济效益显著的企业

政府可以制定奖励政策，对取得明显经济效益的农牧产品进行奖励。这有助于激发农民和企业的生产积极性，鼓励更多人参与农牧业的发展。政府可以设立奖励基金，对农牧产品品牌建设取得显著经济效益的企业进行奖励，促使更多企业走上品牌建设之路。

第四节　持续强化乡村文化引领，优化乡村精神文明

一、强化教育引导

（一）核心内容的深入开展

1.习近平新时代中国特色社会主义思想学习教育

内蒙古在农村牧区要将习近平新时代中国特色社会主义思想学习教育作为核心内容。政府可以通过制订详细的学习计划，组织专业培训团队，为农牧民提供系统的学习机会。可以开设多层次的学习课程，覆盖新时代中国特色社会主义思想的方方面面，包括政治、经济、文化等多个领域。通过线上线下相结合的方式，确保农牧民能够深刻理解和掌握新时代中国特色社会主义思想。

2.中国特色社会主义和中国梦宣传教育

政府要将中国特色社会主义和中国梦宣传教育纳入核心内容。通过多媒体手段，如影视、广播、互联网等，向农牧民传递正能量的信息。可以制作宣传片、微电影，讲述成功的农牧民故事，激发他们的爱国热情和奋斗精神。同时，政府可以组织专题讲座，邀请专家学者深入解读中国特色社会主义和中国梦的内涵，引导农牧民树立正确的世界观、人生观、价值观。

（二）主题实践活动的组织

1.文艺演出

政府可通过举办文艺演出，将社会主义核心价值观融入节目内容，通过音乐、舞蹈、戏剧等形式，生动展示社会主义核心价值观的魅力。可以邀请一些知名的文艺团体到农村牧区演出，吸引农牧民的参与，使其在轻松愉快的氛围中接受主题教育。

2.知识竞赛

政府可组织知识竞赛，设立与社会主义核心价值观相关的题目，激发农牧民学习的兴趣。可以通过线上平台或是线下活动形式，组织乡村牧区的知识竞赛。这有助于巩固农牧民对核心价值观的认识，提高他们的文化素养。

3.书画展览

政府鼓励农牧民通过书画展览表达对社会主义核心价值观的理解和感悟。可以设立乡村文化中心或是展览馆，提供一个展示个人艺术才华和表达思想的平台。政府可以组织专业的评审团队，对参展作品进行评选，激励农牧民通过艺术的方式传递正能量。

二、推进文化阵地建设

（一）新时代文明实践中心的建设

1.建设背景与意义

在推进文化阵地建设中，新时代文明实践中心作为一个重要载体，旨在为农牧区提供多样化的文化活动场所，通过实践活动深入传播和体验社会主义核心价值观。这一举措有助于培养农牧民的文明素养，促进社会主义核心价值观的深入人心。

2.基础设施建设

政府应投入资金加大新时代文明实践中心的建设力度，确保其基础设施完备。这包括多功能活动室、图书馆、展览厅、室外活动场地等。这样的设施能够提供多样性的文化体验和教育空间，满足不同群体的需求。

3.开展文明实践志愿服务活动

通过组织各类文明实践志愿服务活动，政府能够引导农牧民在实际生活中深入体验社会主义核心价值观。例如，组织志愿者开展文明乡风宣传、环境整治、扶贫帮困等实践活动，让农牧民通过亲身参与感受社会主义核心价值观的引领力量。

（二）文化设施建设

1.注重基层文化广场建设

政府在文化设施建设中要注重基层文化广场的规划与建设。这些广场可以成为农牧民休闲娱乐、文艺演出的场所，提供一个交流互动的平台。逐步将这些广场打造成文化活动的热点，有助于促进社会主义核心价值观在基层的传播。

2.乡村戏台的兴建

在文化设施建设中，政府应该注重乡村戏台的兴建。戏曲艺术是中国传统文化的重要组成部分，通过在乡村建设戏台，可以促使农牧民更加深入地体验传统文化，同时举办各类文艺演出，传播社会主义核心价值观。

3.非遗传习场所的建设

加大对非物质文化遗产的传承和弘扬力度，政府可以建设非遗传习场所。通过举办非遗传承展示、培训班等活动，使农牧民了解和参与传统文化的传承，增加对社会主义核心价值观的认同感。

（三）宣传文化阵地的建设

1.利用多层次媒体平台

政府应充分利用各级各类媒体平台，包括电视、广播、报纸、互联网等，开展社会主义核心价值观的宣传教育。通过制作精彩的宣传片、专题报道等形式，将社会主义核心价值观融入当地的文化生活，实现全方位的宣传。

2.设立文化服务中心

在基层建设文化服务中心，成为乡村文化的重要枢纽。这个中心可以设有图书馆、电影放映厅、文艺交流室等功能区域，为农牧民提供一个获取信息、学习知识、文艺交流的场所。

3.主题文化活动的开展

政府可以组织各类主题文化活动，如社会主义核心价值观宣传展览、文艺汇演、读书交流等。这样的活动不仅可以吸引农牧民的参与，还能够通过生动的形式深入宣传社会主义核心价值观。通过这些宣传文化阵地的建设，政府可以实现社会主义核心价值观在当地的深度融入，形成浓厚的文明氛围。

三、推进乡风文明建设

（一）建设"一约四会"机制

1.机制建设的背景与意义

在乡风文明建设中，建设"一约四会"机制是一项重要的制度安排。这一机制的建设旨在通过明确的制度框架，推动社会风尚向着文明的方向发展，有效抵制不良习俗，塑造良好的文明乡风。

2.机制设计与完善

（1）"一约"内容的制定

政府应与社区、村庄共同制定"一约"，明确抵制的不良习俗，规范居民的行为准则，使之成为文明建设的共同约束。

（2）"四会"机制的建设

①文明教育会

定期组织文明教育会，通过讲座、培训等形式向农牧民普及社会主义核心价值观，引导他们形成正确的文明观念。

②法治宣传会

强化法治观念，通过法治宣传会向农牧民普及法律法规，加强对不良习俗的法治教育，增强农村居民的法治意识。

③文明礼仪会

组织文明礼仪会，通过开展各种文艺演出、座谈等活动，提倡文明礼仪，引导农村居民形成良好的行为习惯。

④乡村事务会

建立乡村事务会，加强农牧民参与乡村事务的机会，让他们更加深入地了解和参与文明建设，形成共建共治共享的局面。

（3）机制的推动与监督

政府可通过建立监督机制，确保"一约四会"机制的有效实施。设立专门的监督组织或由党组织负责，定期对"一约"内容的执行情况以及"四会"机制的运作情况进行评估，及时发现问题并进行整改。

（二）推广文明健康生活方式

1.广泛宣传文明团结超市等成功经验

政府应通过各种媒体手段广泛宣传文明团结超市等成功经验。这些经验包括购物文明、垃圾分类、互助共济等，通过正面案例的宣传，引导农牧民积极参与，形成良好的社会风尚。

2.倡导科学文明健康的生活方式

政府可以通过组织健康知识讲座、科普活动等方式，向农牧民宣传科学的生活方式。强调适度运动、合理饮食、规律作息等，引导农村居民过上更加科学、文明、健康的生活。

3.建立积分嘉许制度

政府可以探索建立积分嘉许制度，对那些在文明建设中表现出色的农牧民进行表彰和奖励。这种制度可以激发居民的积极性，形成向上向善的社会风尚。

四、充分发挥文艺和志愿服务的双重优势

（一）常态化文艺志愿服务活动

1.活动背景与意义

常态化文艺志愿服务活动旨在通过定期开展各类文艺活动，将文化的欢乐传递到农牧区，推动文明乡风建设。这种形式既能够活跃农牧区的文化生活，又能够通过文艺的方式传递社会主义核心价值观。

2."送欢乐下基层"活动

政府可组织"送欢乐下基层"文化惠民演出，邀请专业文艺团体到农牧区进行巡回演出。这样的活动不仅能够让农牧民享受高水平的文艺表演，还能够通过演出内容传递正确的价值观。

3.文艺培训和辅导

定期开展文艺培训和辅导活动，邀请专业的文艺从业者为农牧民进行文艺技能培训，提升他们的文艺素养。这既有助于培养农牧民的文艺爱好，也促进了文化的传承与创新。

4.文艺支教服务

开展文艺支教活动，邀请专业文艺人员到农牧校园开展文艺教育工作。通过与农牧区学校的合作，将优秀的文艺资源带入校园，促使学生在文艺方面得到更全面的培养。

（二）乌兰牧骑服务农牧民

1.活动背景与作用

乌兰牧骑作为内蒙古特有的文艺团体，具有独特的文化内涵和影响力。政府可通过充分发挥乌兰牧骑的作用，将其服务对象直接面向农牧民，通过文艺表演、培训等形式提升农牧区文化水平。

2. 演出服务

乌兰牧骑可定期在农牧区进行演出服务，为农牧民带去丰富多彩的文艺表演。这不仅能够娱乐农牧民，还能够通过演出内容传递社会主义核心价值观，引导他们形成正确的文明观念。

3. 文艺培训活动

乌兰牧骑团队可以组织文艺培训活动，向农牧民传授蒙古族传统文化、民族舞蹈等技能。这有助于丰富农牧区文化生活，提升农牧民的文化素养。

4. 文化传承与弘扬

通过乌兰牧骑的演出和服务，可以促进蒙古族传统文化的传承与弘扬。政府可在乌兰牧骑活动中注重蒙古族文化的挖掘，使之成为农牧区文化建设的重要组成部分。

五、加强中华民族共同体意识的宣传教育活动

（一）长期坚持的民族团结进步宣传活动

1. 活动背景与意义

长期坚持的民族团结进步宣传活动是为了通过多种媒体形式向农牧民传递中华民族共同体的理念。这一理念强调"三个离不开""五个认同"，旨在加强各族群众的认同感和凝聚力，推动全社会形成共同奋斗、团结一致的良好局面。

2. 媒体宣传策略

政府可以利用各类媒体，包括广播、电视、网络等，开展精心策划的宣传活动。通过生动的故事、形象鲜明的宣传片，向农牧民传递中华民族共同体的核心价值观，引导他们形成对共同体的认同和认识。

3. 民族团结教育培训

开展民族团结教育培训，邀请专业的教育机构和研究人员，为农牧民提供系统的培训课程。这包括中华民族历史、各族群众的共同经历与奋斗历程等内容，旨在加深对中华民族共同体的认知和理解。

4. 社区互动交流

组织社区互动交流活动，通过座谈会、讨论会等形式，让各族群众分享彼此的文化传统、风俗习惯，增进相互了解。这有助于打破文化隔阂，促进不同族群之间的融合和共融。

（二）传承中华民族文化

1. 非遗传承活动

政府可组织非遗传承活动，邀请有传统手艺技能的老艺人传授给年轻一代。通过这种方式，不仅可以传承中华民族的优秀传统文化，还能够激发农牧民对自身文化的自豪感和认同感。

2.民族舞蹈与传统手工艺

开展民族舞蹈与传统手工艺的培训和比赛活动，鼓励农牧民积极参与。这不仅有助于丰富农牧区文化生活，还能够传承和发扬中华民族传统的舞蹈和手工艺术，促进文化的多元发展。

（三）强化爱国主义教育

1.参观学习活动

政府可组织农牧民进行参观学习活动，深入了解中华民族的优秀历史文化。通过参观博物馆、文化遗址等，激发农牧民对中华民族传统的热爱和对祖国的认同。

2.讲解中华民族优秀历史文化

通过开展讲座、文化讲解等形式，向农牧民介绍中华民族的优秀历史文化。重点突出中华民族在历史上的辉煌成就和共同奋斗的历程，以增强农牧民的爱国情感。

（四）引导农牧民自觉融入中华民族大家庭

1.民族团结节庆与文艺演出

政府可组织各类民族团结节庆，包括传统节日、文化庙会等。通过文艺演出、舞龙舞狮等形式，拉近各族群众的距离，增进相互的情感，形成中华民族大家庭的意识。

2.文艺演出与展览

举办文艺演出和展览，展示各族群众的文化特色。这有助于农牧民深入了解其他族群的传统文化，促使他们更自觉地融入中华民族大家庭。

第五节　深度弘扬乡村党建引领，完善乡村治理体系

在内蒙古宜居宜业和美乡村建设中，政府是乡村治理的领导者，而村民则是乡村治理的主体，二者相辅相成。因此，蒙古宜居宜业和美乡村建设必须多方面入手，全力摆脱乡村治理困境，为实现和美乡村建设创造善治环境。

一、以持续强化党建引领为前提

（一）明确治理核心理念

1.内蒙古宜居宜业和美乡村建设的核心理念

（1）社会主义核心价值观的引领

在乡村治理中，内蒙古宜居宜业和美乡村建设的核心理念应当紧密围绕社会主义核心价值观展开。这包括富强、民主、文明、和谐、自由、平等、公正、法治、爱国、敬业、诚信、友善等十四个方面。将这一理念融入乡村治理的方方面面，以引领农牧区居民在思想观念上与时俱进，培育良好社会风尚。

（2）"和"的核心理念

"和"作为内蒙古宜居宜业和美乡村建设的核心理念，具有深刻的内涵。首先，强调

社会和谐，即在治理过程中注重人与人之间、人与自然之间的和谐关系。其次，强调民族团结，促使各民族在共建中共享成果，形成团结的力量。最后，注重环境和美，通过改善乡村环境、保护自然资源，打造宜居的生态环境。

2.理念的贯彻

（1）宣传教育与理论培训

政府和农村党组织应通过广泛的宣传教育活动，向广大干部和农牧民传递"和"的核心理念。借助各类媒体、文艺演出、社区讲座等形式，深入浅出地解读"和"的内涵，引导农村居民在思想上建立正确的理念。

（2）思想统一与理念共识

通过组织理论培训班、座谈会等形式，使农牧区的各级干部对"和"的核心理念有深刻的理解。建立起乡村治理工作的共同理念，形成广泛的理念共识。这有助于在实际操作中形成一致的工作思路，提高治理工作的效果。

（3）参与农村居民的理念建设

除了干部，农村居民也是内蒙古宜居宜业和美乡村建设的参与者。政府可以通过开展文明素质教育、文化活动等形式，引导农村居民自觉接受"和"的核心理念。通过在基层组织中的广泛宣传，形成全社会对核心理念的认同。

（二）政治领导的强化

1.党员培训与党风廉政建设

（1）党员培训的持续强化

在内蒙古的乡村治理中，党员是政治领导的骨干力量。为此，政府可以制定并实施一系列党员培训计划，包括但不限于：

①理论学习培训

加强对新时代中国特色社会主义思想的学习，使党员深刻理解乡村治理的重要性和核心理念。

②业务水平提升

针对乡村治理的实际问题，组织专业培训，提高党员的业务水平，使其更好地履行治理职责。

③沟通协调能力培训

强调党员的沟通协调能力，培养团队协作精神，以更好地推动治理工作。

（2）党风廉政建设的健全推进

为确保党员在乡村治理中起到先锋模范作用，内蒙古应着力加强党风廉政建设：

①廉政教育

通过定期开展廉政教育活动，增强党员的廉政意识，使其始终保持良好的政治道德风貌。

②监督机制

建立健全党内监督机制，加强对党员的监督，及时发现并纠正党员中的不正之风。

③奖惩机制

建立健全奖惩机制，对在乡村治理中表现突出的党员给予充分的奖励，对违纪违法行为进行严肃处理，形成良好的激励约束机制。

2.乡村基层组织建设

（1）优秀党员的培养与选拔

内蒙古要加强对乡村基层组织的建设，重点是乡村党组织。这可以通过以下措施实施。

①培养计划

制订并实施培养计划，重点培养和选拔在乡村治理中有实绩的村党组织书记、村支部委员等。

②优秀人才引进

制定相关政策，鼓励有能力的专业人才、青年人才加入乡村基层党组织中，为乡村治理注入新鲜血液。

③组织建设

着力提升基层党组织的组织力，强化党支部在农村治理中的指导和协调作用，使其成为推动治理工作的核心力量。

（2）政策支持与激励机制

①政策倾斜

制定政策，对乡村基层党组织提供财政资金支持、培训资源倾斜等政策倾斜，激发基层组织建设的积极性。

②激励机制

建立激励机制，通过对基层组织在乡村治理中的成绩进行评选，给予奖励，鼓励更多的人才投身基层党组织建设中来。

（三）思想站位的提升

1.党的"四个意识"和"两个维护"

（1）思想上站稳立场的重要性

在内蒙古宜居宜业和美乡村建设中，要求全体干部和农牧民在思想上站稳立场，深刻理解和把握党的"四个意识"和"两个维护"的重要性。这不仅是对党员的基本要求，也是确保乡村治理工作顺利进行的前提。

（2）理论学习的定期组织

政府可通过定期组织理论学习，使广大党员和群众在思想上与党中央保持高度一致。学习内容可以涵盖新时代中国特色社会主义思想的核心要义，以及党的"四个意识"和"两个维护"的内涵。通过这种方式，确保治理工作在理论指导下不偏离正确方向。

2.党风廉政教育

（1）提高思想觉悟的重要途径

通过加强党风廉政教育，内蒙古可提高广大党员和干部的思想觉悟。采取案例教学、座谈交流等方式，使党员深入了解党风廉政建设的紧迫性和重要性。通过生动的案例，引导党员时刻保持清醒头脑，自觉维护党的形象和威信。

（2）深化对党风廉政建设的理解

通过党风廉政教育，使每个党员在工作中能够自觉维护党的形象和威信。政府可制订定期的廉政教育培训计划，使广大党员在思想上进一步深化对党风廉政建设的理解，增强拒腐防变的自觉性。

3.思想工作的深入推进

（1）深入农牧民中间了解需求

政府和党组织要深入农牧民中间，了解他们的思想动态和需求。通过建立有效的沟通渠道，听取群众的心声，及时解答疑惑，增进政府与农村牧区居民之间的信任。这有助于在乡村治理中形成积极向上的思想共识。

（2）宣传教育活动的开展

政府可通过开展各类宣传教育活动，引导农牧民在思想上与时俱进。这包括文艺演出、知识讲座、书画展览等形式，旨在将社会主义核心价值观融入当地文化生活，推动其在农村牧区的广泛传播。通过这些活动，形成对美好生活的向往，推动社会主义核心价值观在乡村的根深蒂固传播。

二、与时俱进创新和完善乡村治理体系

（一）基础条件的明确

1.自治、法治、德治的基本原则

（1）自治的重要性和实施途径

在蒙古宜居宜业和美乡村建设中，首先要明确自治、法治、德治的基本原则。自治体现在乡村治理中，要尊重和发挥农牧民的主体作用，注重发挥他们在自身事务管理中的自治能力。自治的重要性在于使乡村治理更贴近基层，政府可通过建立村民自治组织、制定自治章程等方式，鼓励和引导农牧民积极参与基层事务的决策与管理。

（2）法治建设的必要性和方法

同时，要确保法治的基础，通过法规和制度的建设，规范乡村治理的各项行为。政府应制定健全的法律法规，明确乡村治理的权力和责任。通过推进法治建设，加强对乡村治理的监督和制约，确保决策和行为的合法性和合规性。

（3）德治的培养和弘扬

德治则强调在治理中培养和弘扬良好的道德风尚，引导农牧民在思想上具备正确的价值观。政府可通过宣传教育、文化活动等手段，加强对农村牧区居民的道德教育，强调社会主义核心价值观,引导农牧民形成积极向上的道德风尚。通过德治的实施,提升整个乡村社会的文明程度,增强社会凝聚力。

2.因地制宜地推动

(1)乡村差异性的认知

基础条件的明确还需要因地制宜地推动乡村治理。不同的乡村拥有独特的地理、文化和社会背景,因此治理体系应当灵活适应当地实际情况。政府在推动治理过程中应深入了解各个乡村的具体情况,包括地理特征、人口结构、文化传统等,形成全面的认知。

(2)差异性治理方案的制订

政府可以通过调查研究,了解各个乡村的具体情况,制订相应的治理方案。这包括但不限于:因地制宜的产业发展规划、基础设施建设计划、社会管理机制等。通过制订差异性的治理方案,确保基础条件的考虑全面,体现差异性,提高治理效果。

(3)政策的差异性调整

因地制宜的推动还需通过政策的差异性调整来体现。政府可根据各乡村的实际情况,灵活调整相关政策,包括财政扶持政策、产业发展政策、人才引进政策等。这有助于更好地满足不同乡村的发展需求,推动宜居宜业和美乡村建设的有序进行。

(二)整体思维的坚持

1.规划与推进的统一

(1)整体思维的背景与重要性

在蒙古宜居宜业和美乡村建设中,整体思维的坚持对于治理工作的顺利推进至关重要。这种思维方式不仅能够避免还原论和分开治理的弊端,也能够在规划和推进之间建立统一的框架,确保各项工作有机衔接,形成合力。

(2)统一规划的重要性与实施途径

政府在规划阶段应制订统一规划,明确乡村治理体系的协同性。这包括对产业发展、生态环境保护、文化建设等方面的治理要点的规划。通过确保规划的整体性,政府能够在整个治理过程中始终坚持"一揽子"的发展思路,防止单项措施脱离整体框架。

(3)推进阶段的整体思维与实践方法

在推进阶段,政府要继续保持整体思维,将规划中确定的各项要点有机地结合起来。例如,在产业发展中要同时考虑生态环境的保护和文化建设的推进,形成全面发展的推进策略。这需要政府在实际工作中不断调整和优化,确保各方面工作能够相互促进,形成良性循环。

2.协同推进各领域工作

(1)建立跨部门协同机制的必要性

整体思维需要在具体工作中得以体现,其中一个关键的举措是建立跨部门的协同机制。政府可以通过设立联席会议、工作组等方式,确保各个领域的工作能够有机衔接,形成合力。例如,在产业发展中,需要产业部门与环保部门、文化部门等形成紧密的协同关系。

（2）全面协同发展的实际操作

协同推进各领域工作需要在实际操作中得以体现。政府在制定政策和实施项目时，要全面考虑不同领域的需求，确保各个方面的工作能够协同推进。这意味着不仅要有整体规划，还需要有针对性的政策和项目设计，以实现全面协同发展的目标。

（3）形成合力的重要性

通过协同推进各领域工作，政府能够形成合力，提高治理的效果。例如，在产业发展和生态环境保护中，协同推进可以使产业的发展与环境的保护相辅相成，避免两者出现矛盾。这有助于形成可持续的发展模式，实现经济、社会和环境的协同进步。

（三）科学施策的推动

1.建立科学决策机制

（1）科学决策的背景与必要性

在推动蒙古宜居宜业和美乡村建设中，建立科学决策机制是确保治理工作科学性和有效性的基础。当前社会问题的复杂性要求政府在决策过程中引入专业智库和专家团队，以便深入分析问题、制定科学合理的政策。

（2）引入专业智库与专家团队的作用

政府可以建立与科研机构、高校等合作的机制，形成专业智库，为政策制定提供科学支持。同时，聘请相关领域的专家团队，参与乡村治理的决策过程，确保决策的专业性和实效性。这有助于在治理中充分考虑各个方面的因素，制定更为全面和可行的政策。

（3）决策机制的建立与运行

为了建立科学决策机制，政府需要设立专门的决策机构或委员会，负责组织决策过程。这个机制应当具有独立性和权威性，能够协调各方面的资源和信息。通过建立科学决策机制，政府能够更好地应对乡村治理中的各种挑战，提升治理工作的水平。

2.政策的优化与前瞻性

（1）政策优化的动态过程

政府在推动蒙古宜居宜业和美乡村建设中，必须将政策的优化作为一项动态的过程。定期对已有政策进行评估，了解其实施效果和存在的问题，并根据评估结果进行及时的调整和优化。这有助于政策更好地适应不断变化的实际情况。

（2）关注国内外发展趋势

政府在进行政策制定和优化时，要关注国内外的发展趋势。了解其他地区在乡村治理方面的成功经验，借鉴相关的做法，并根据当地实际情况进行有针对性的改进。通过开展国际交流与合作，政府可以更好地获取全球治理智慧，提高决策的水平。

（3）确保政策的前瞻性

政府在制定政策时要具备前瞻性，考虑未来的发展需求。通过对科技、经济、社会等领域的前瞻性分析，政府能够更好地把握未来的发展方向，为乡村治理提供可持续的政策支持。这需要政府建立健全的信息收集和分析机制，确保决策具备足够的前瞻性。

三、健全乡村治理的宣传与舆论引导机制

（一）话语权的掌控

1. 传统媒介与新媒体的整合

（1）传统媒介的价值与作用

在乡村治理的宣传工作中，传统媒介仍然扮演着重要的角色。电视、广播、报纸等具有广泛覆盖面，能够传递深入、系统的信息，尤其适合针对农牧民的群体特点进行全面宣传。政府应保持对传统媒介的关注，加强与相关媒体的合作，确保信息更广泛地传达到乡村。

（2）新媒体的优势与创新

随着信息技术的迅猛发展，新媒体在乡村治理宣传中发挥着越来越重要的作用。互联网、社交媒体等平台能够提供即时、互动、个性化的信息传递。政府应积极利用这些新媒体平台，与农牧民建立更为直接的互动渠道，增强宣传信息的传播速度和精准度。

（3）整合策略的建设

政府需要制定整合传统媒介与新媒体的宣传战略。通过在传统媒介上进行全面而系统的宣传，同时通过新媒体平台提高信息的时效性和互动性，形成一个多层次、立体化的宣传网络。整合策略不仅能够满足不同层次、不同需求的农牧民，也能够更好地掌握宣传话语权，引导舆论，塑造积极的宣传形象。

2. 宣传计划的制定

（1）明确宣传目标与重点

政府在制订宣传计划时，首先需要明确宣传的总体目标和重点。确定宣传的核心信息，突出宣传重点，使农牧民能够清晰地理解乡村治理的方向和政府的工作重点。这有助于强化宣传效果，确保信息传递的针对性和一致性。

（2）渠道多样性的考虑

宣传计划要充分考虑农牧民的信息获取途径和接受习惯。不同群体可能更偏好不同的宣传渠道，政府需要灵活运用多种渠道，如社区广播、宣传车、线上平台等，使信息更全面、深入地传达到每个乡村，确保信息的广泛覆盖。

（3）时机把握与宣传周期

政府宣传计划要合理把握宣传时机，结合乡村治理的实际进展，选择合适的时间节点进行宣传活动。同时，要建立定期的宣传周期，形成宣传工作的连贯性。通过合理的时机把握和宣传周期的安排，政府可以更好地引导舆论，使宣传信息持续渗透到农牧民的日常生活中。

（二）决心与信心的传递

1. 多形式的宣传活动

政府可以通过多种形式的宣传活动，如专题报告会、座谈会、政策解读等，向农牧民传递乡村治理的决心与信心。这些活动可以由政府主导，也可以邀请专业人士、学者等参与，提高宣传的权威性和可信度。

2. 党中央对治理的支持强调

在宣传中，政府要强调党中央对乡村治理的坚定支持。通过播放党中央领导人的讲话、引用相关文件和指示，让农牧民感受到中央对乡村治理工作的高度重视和支持。这有助于激发农民的参与积极性和对治理的信任感。

3. 宣传杰出案例

政府可以精选一些乡村治理的杰出案例，通过宣传这些成功经验，让农民看到治理取得的实质性成果。通过宣传成功案例，培养农民对治理的信任感和期待感，激发他们对美好乡村的向往。

四、充分发挥新乡贤在乡村治理中的作用

（一）人才引领的推动

1. 新乡贤咨询委员会的建立

政府可以建立新乡贤咨询委员会，邀请在各领域有成就的新乡贤担任委员。该委员会的职责包括提供专业意见、制订发展规划，为乡村治理提供科技、管理等方面的支持。通过设立专业的咨询机构，政府能够更好地引领乡村治理工作。

2. 专业培训与交流平台的建设

政府可以建设专业培训与交流平台，邀请新乡贤为当地干部和农民进行专业培训。这不仅有助于提高农民的素质，还能够借助新乡贤的专业知识推动当地产业升级和科技创新。

（二）文化资源的引入

1. 艺术展览与文化节庆的支持

政府可鼓励新乡贤组织艺术展览、文化节庆等文化活动。通过引入新乡贤所具有的艺术、文化资源，推动乡村文化事业的发展，提高农民的文化素养，同时可以丰富乡村居民的文化生活。

2. 文化产业园区的建设

支持新乡贤投资兴办文化产业园区，集聚各类文创企业和人才。政府可以提供政策支持，包括减免税收、提供场地等优惠政策，以吸引更多新乡贤投身文化产业，推动乡村文化创意产业的繁荣。

（三）创新投融资机制

1.合作基金的设立

政府与新乡贤可以共同设立合作基金，用于支持乡村建设项目的投资。这种基金可以由政府出资设立，也可以吸引社会资本参与。通过创新的融资机制，促进项目的可持续发展。

2.引导社会资本的参与

政府可以出台相关政策，引导社会资本参与乡村建设项目。与此同时，鼓励新乡贤作为社会资本的引导者，通过与企业、金融机构的合作，可以为乡村建设提供更多的资金支持。

（四）资源整合的协同发展

1.新乡贤联络组织的建立

政府可以设立新乡贤联络组织，专门负责与新乡贤保持联系，了解他们在各领域的资源和需求。通过建立有效的沟通渠道，政府能够更好地整合新乡贤的资源，推动内蒙古宜居宜业和美乡村建设的协同发展。

2.资源共享平台的构建

政府可倡导建立资源共享平台，让新乡贤、企业和政府能够在平台上进行资源共享。这包括技术、资金、人才等方面的资源，通过协同发展，推动乡村建设的全面提升。

五、持续推进乡村文明建设

（一）强化教育引导

1.核心内容的深入开展

在内蒙古农村牧区，政府应当将习近平新时代中国特色社会主义思想学习教育作为乡村文明建设的核心内容。通过定期组织新时代中国特色社会主义思想学习班、座谈会等形式，深入推进理论学习，使农牧民更好地理解和领会社会主义核心价值观。

2.主题实践活动的组织

政府可大力组织各类主题实践活动，如文艺演出、知识竞赛、书画展览等，以吸引农牧民积极参与。通过这些实践活动，不仅可以传播社会主义核心价值观，还可以激发农牧民的文化自信和自主传播的热情。政府要注重实践性，使农牧民在参与活动的过程中深入体验社会主义核心价值观的内涵。

（二）文化阵地建设

1.新时代文明实践中心的建设

政府要加大对新时代文明实践中心的建设力度，为农牧区提供更多的文化活动场所。这些中心可成为乡村文明建设的重要阵地，通过定期组织文明实践志愿服务活动，使农牧民在实践中深入体验社会主义核心价值观。

2.文化设施建设

政府应注重文化广场、乡村戏台、非遗传习场所等乡村文化设施的建设。这不仅为农牧民提供了学习交流的场所，同时有助于传承和弘扬当地的优秀传统文化。政府可以通过项目资助、文化产业扶持等方式，推动文化设施的建设。

3.宣传文化阵地的建设

政府要充分利用各级各类媒体、文化服务中心等宣传文化阵地，加强基层宣传与文化宣介。通过这些平台，将社会主义核心价值观融入当地的文化生活，形成浓厚的文明氛围。政府可以建立文明建设宣传团队，加强对农牧区的宣传工作，提高农牧民对社会主义核心价值观的认同感。

（三）乡风文明建设

1.建设"一约四会"机制

政府要推动各地健全完善"一约四会"机制，对高额彩礼、厚葬薄养等不良习俗进行严厉抵制。这一机制可以成为乡风文明建设的基础，通过法治手段对不文明行为进行规范和约束。

2.推广文明健康生活方式

政府可以通过广泛宣传文明团结超市、道德银行、积分嘉许等经验做法，倡导农牧民过上科学文明健康的生活方式。通过这些实践，培养农牧民自觉遵循良好的社会行为准则。政府可以通过举办文明生活方式宣传月、制定家庭文明行为奖励政策等方式，引导农牧民积极参与文明建设。

六、加强中华民族共同体意识的宣传教育活动

（一）民族团结进步宣传活动

1.长期的民族团结进步宣传活动

政府要在农村牧区开展长期的民族团结进步宣传活动，通过电视、广播、报纸等多种媒体形式，深入普及"三个离不开""五个认同"等思想。这些活动可以通过记录当地不同民族群体的生活、文化、风俗等，展示各民族和睦相处的场景，让广大人民群众深刻认识到民族团结的重要性。政府可以定期组织相关主题的宣传月、宣传周活动，使宣传深入人心，不断强化农牧民对中华民族的认同感。

2.中华民族历史观教育的提升

政府要提升中华民族历史观教育力度，通过开展各类讲座、培训班、展览等形式，让农牧民深入了解中华民族的悠久历史和丰富文化。强调中华民族是一个历经千年的大家庭，各民族在共同奋斗中形成了紧密的团结关系。政府可以制作宣传片、宣传册，以图文并茂的方式生动展示中华民族的辉煌历程，引导农牧民树立起对中华民族的自豪感和认同感。

（二）传承中华民族文化

1.中华民族传统文化的推动

政府要组织各类活动，推动中华民族传统文化的传承。通过非遗传承项目、民族舞蹈比赛、传统手工艺展示等形式，让农牧民亲身感受和参与中华民族文化的传承。政府可以在农村牧区设立文化传承中心，为农牧民提供学习和体验中华民族传统文化的机会，通过实际操作参与，加深他们对中华民族文化的认同感。

2.文化传承活动的多样性

政府可鼓励农牧民参与文化传承活动，组织各类比赛、展览，展示农牧区各民族的传统文化特色。通过这些活动，不仅能够激发农牧民对中华民族文化的热爱，还可以促使不同民族之间的文化交流，加强彼此的认同感和融合度。

（三）强化爱国主义教育

1.爱国主义教育的深入开展

政府要加强爱国主义教育，组织农牧民参观学习活动，让他们深刻理解爱国主义的内涵。通过参观爱国主义教育基地、学习爱国主义先进事迹等方式，引导农村牧区干部群众对祖国的热爱和对中华民族共同体的认同。政府可以设立爱国主义教育基地，定期组织农牧民前往参观学习。

2.中华民族的优秀历史文化宣传

政府要通过各种形式宣传中华民族的优秀历史文化，通过讲解和展示中华民族的伟大成就，唤起农牧民对祖国的热爱之情。通过制作纪录片、出版图书等方式，将中华民族的丰功伟绩传递给农牧区干部群众，让他们对祖国充满敬畏之情，对中华民族共同体有更深刻的认识。

第八章　总结与展望

第一节　总结研究成果

一、宜居宜业和美乡村建设的现状分析

（一）基础设施现状分析

通过实地调研和数据分析，笔者发现内蒙古乡村基础设施建设的整体状况还有待提升。农村公路、供水和供电等基础设施仍存在薄弱环节，特别是一些偏远地区的基础设施建设较为困难。此外，一些农村地区缺乏适宜的教育和医疗设施，制约了当地居民的生活质量和发展。

（二）农村产业现状分析

内蒙古乡村产业发展面临着结构单一、附加值较低、技术含量不高等问题。大多数乡村仍依赖传统农业和畜牧业，缺乏多样性和可持续性的发展模式。同时，农村产业发展受到市场需求和营销渠道不畅等因素的限制，制约了农民收入的增加和农村经济的发展。

（三）村容村貌现状分析

在村容村貌方面，一些乡村地区存在建筑风格混乱、杂乱无序的问题。高楼大厦、别墅等城市化建设的冒进破坏了乡村独特的风貌和传统文化底蕴。此外，一些地区还存在乱搭乱建、违建现象，影响了乡村整体形象和居民居住环境的质量。

（四）乡风文明现状分析

乡风文明在乡村建设中起着重要的推动作用。然而，一些乡村地区存在乡风不纯、为官不廉、社会道德缺失等问题。一些村级组织在决策和治理过程中缺乏透明度和公平性，导致了不少不公正的现象发生。同时，一些居民的文明素质和公德心也有待提高。

二、问题与挑战的深刻剖析

（一）系统规划水平低

在乡村建设和基础设施规划过程中，由于资源和资金的有限，对整体规划和协调能力的要求较高。然而，一些地方乡村建设规划存在片面性、局部性和临时性的问题，缺乏整体协调性和远见性。

（二）农民主体作用弱化

在乡村建设过程中，农民参与的主体地位和作用不明显。决策、管理和资源配置仍然集中在政府和相关部门手中，缺乏对农民的有效参与和赋权。这使得农民在乡村发展过程中缺乏积极性和主动性，限制了乡村建设的可持续性和潜力的发挥。

（三）产业机制建设受限

乡村产业发展中存在市场需求与农产品供给之间的矛盾。一方面，乡村产业的发展缺乏对市场需求的精准定位；另一方面，农产品的供给缺乏统一的品牌和质量保障机制，限制了农产品的竞争力和附加值提升的空间。

（四）生态保护意识不足

由于农村地区经济发展的压力和生活条件的限制，一些地方在乡村建设中忽视了生态环境保护的重要性。存在大规模开发利用自然资源、乱砍滥伐和水土流失等问题，对乡村生态系统造成了损害。

（五）治理水平待提升

在乡村建设和管理过程中，一些地方存在管理体制不健全、镇村干部素质不高、社会共治机制不完善等问题。这影响了乡村治理和村民自治的有效性，制约了乡村建设的规范化和有序发展。

三、宜居宜业和美乡村建设的基本方略实施效果

（一）基础设施建设方略的实施效果

基础设施建设方略包括加大资金投入力度、统筹规划和布局、借助科技推动、落实政策措施等。通过研究发现，在实施这些方略后，内蒙古乡村基础设施建设取得了显著成效。农村公路、供水和供电等基础设施得到改善，一些偏远地区和贫困地区的基础设施建设得到了重点关注。此外，政府相关政策的出台和执行也促进了基础设施建设的加快推进。

（二）农村产业发展方略的实施效果

农村产业发展方略包括培育新型农业经营主体、推进农产品品牌化和提升附加值、促进农村产业多元化等。研究结果显示，通过实施这些方略，内蒙古乡村产业的转型升级取得了一定程度的成功。农业合作社和农业企业的发展壮大，农产品品牌建设取得了阶段性成果，农民收入明显增加。

（三）乡村建设美化方略的实施效果

乡村建设美化方略包括保护乡村风貌、改善村容村貌、提升乡村环境质量和推动乡村文化传承等。通过实施这些方略，我们可以看到内蒙古乡村的整体面貌得到了一定的改观。一些地区注重保护乡村独特的风貌和传统文化底蕴，鼓励村民参与美化村容村貌的行动。此外，加强环境保护和文化遗产保护也逐渐得到了重视。

（四）乡风文明建设方略的实施效果

乡风文明建设方略主要包括加强乡村治理、促进村民自治、倡导文明乡风等。研究结果显示，通过实施这些方略，一些地区乡村的社会治理水平有所提升，村民自治的参与度增加。同时，鼓励文明乡风的宣传和推广使得乡村居民的公德心和文明素养有了明显的提升。

四、研究方法、框架的合理性回顾

（一）研究方法的合理性回顾

本书研究采用了文献综述、实地调研和数据分析等多种研究方法，取得了一定的研究成果。文献综述为研究提供了理论基础和参考文献，实地调研和数据分析则为实际问题的解决提供了具体情况和科学依据。多种研究方法的综合运用使得研究结果更加全面准确。

（二）研究框架的科学性回顾

本书的研究框架包括宜居宜业和美乡村建设的现状分析、问题与挑战的深刻剖析、宜居宜业和美乡村建设的基本方略实施效果等内容。该框架具有逻辑清晰、条理性强的特点，能够全面系统的分析内蒙古乡村建设的问题和挑战，并对解决方案的实施效果进行科学评估。

五、学术价值与创新点

本书在学术上具有一定的价值和创新点。首先，通过对内蒙古乡村建设的研究，为我国乡村建设提供了一个具有代表性的案例，丰富了相关领域的研究成果。其次，本书通过对乡村宜居宜业和美化建设的深入分析，提出了一系列适应内蒙古实际的解决方案，具有指导实践的实用性。此外，本书也从多个维度对乡村建设进行了系统研究，拓宽了学术界对乡村建设问题的认识。

总之，通过对内蒙古乡村建设的研究分析，本书提出了宜居宜业和美乡村建设的基本方略，并对其实施效果进行了评估。本书对指导其他地区乡村建设具有重要的借鉴意义，并为乡村可持续发展提供了理论和实践的参考依据。

第二节　展望内蒙古乡村建设的未来发展方向

一、系统规划水平较低的挑战

（一）人才培养和规划设计专业化的挑战

未来需要加强相关人才培养，培养更多具有乡村规划和设计专业知识的人才。同时，要提高规划设计工作的专业化水平，通过引入新技术手段，如智能化规划软件、人工智能等，提高规划的科学性和实效性。

（二）整体协调和远见性的挑战

为了提高系统规划水平，需要加强不同部门间的协调与合作，形成有效的规划机制。同时要加强对乡村发展的长远规划和深度研究，注重整体性和可持续性，确保乡村建设在经济、社会、环境等多方面得到综合考虑。

二、农民主体作用弱化的挑战

（一）民主参与和决策机制的挑战

未来应加强农村基层组织建设，完善村民自治和农民代表大会制度，提高农民参与乡村建设决策的机会。政府可以建立农民建言献策的平台，更广泛地听取农民的意见，确保农民在乡村建设中发挥更大的主体性和监督作用。

（二）农民培训和素质提升的挑战

为了提升农民的参与度和主动性，可加强农民培训，提高他们的乡村管理和经营能力。根据实际情况开展岗位技能培训、农业知识普及等，提高农民的素质，使其能够更好地参与到乡村建设中。

三、产业机制建设受限的挑战

（一）创新农村金融支持机制的挑战

未来应建立更加灵活的农业金融支持机制，加大对农村产业的资金投入力度。鼓励银行和其他金融机构创新金融产品和服务，提供针对农村产业发展的贷款、信用担保等金融支持，帮助农村产业实现转型升级。

（二）推动农产品品牌化和市场化的挑战

为促进农产品产销对接，可加强农产品品牌建设，提高农产品的质量和附加值。同时，加强市场信息的收集和分享，优化农产品的流通渠道，提高农产品的市场竞争力，促进农民增收。

四、生态保护意识不足的挑战

（一）加强生态文明教育和宣传的挑战

未来应加大对农民的生态保护知识普及和教育培训力度，增强农民的生态环境保护意识。通过开展宣传活动、举办培训班等方式，引导农民关注生态环境的重要性，增强他们的环境保护意识。

（二）建立奖励制度，激励农民参与生态保护的挑战

政府可通过设立生态奖励制度，激励农民积极参与生态保护工作。通过给予奖励和补

贴，如生态农业奖励、生态公益岗位补贴等，鼓励农民采取环保措施，确保乡村建设不损害生态环境。

五、治理水平有待提升的挑战

（一）加强对乡村治理的培训和规范的挑战

政府部门应加强对乡村干部的培训，提高他们的决策和管理能力。同时，建立健全的乡村治理体系，明确各级干部的职责和权力，加强信息共享和协同工作，提高乡村治理的规范性和科学性。

（二）借助科技推进乡村治理的挑战

未来可借助信息技术的发展，建立乡村治理的智能化平台，提高决策和管理效率。尝试应用大数据分析、人工智能等新技术手段，对乡村治理进行监测和评估，提供科学决策的依据，推动乡村治理的现代化和精细化。

总之，未来内蒙古乡村建设需要加强系统规划、农民主体作用、产业机制、生态保护和治理水平等方面的发展。只有通过多方面的努力和改进，才能实现内蒙古乡村建设的可持续发展和提升居民生活质量的目标。

参考文献

[1] 吴志斌，屈雅红，徐燕明．中国美丽乡村的时空分异特征及影响因素分析：基于文化地理的视角 [J]．福建论坛（人文社会科学版），2020（08）：47-59.

[2] 张晓刚，刘芳惠．新时代乡村文化的审视与展望：现代转型、现实挑战和振兴进路 [J]．宁夏社会科学，2022（05）：120-128.

[3] 鲁杰，王帅．乡村振兴战略背景下农村基层党组织的定位、困境与发展 [J]．西北农林科技大学学报（社会科学版），2021，21（06）：20-25.

[4] 夏银平，汪勇．以农村基层党建引领乡村振兴：内生逻辑与提升路径 [J]．理论视野，2021（08）：80-85.

[5] 唐兴军，郝宇青．乡村社会治理中的组织再造．价值、困境与进路 [J]．中州学刊，2021（09）：15-21.

[6] 唐建明．以基层党建引领新时代乡村振兴．逻辑理路与实践进路：基于湘西十八洞村等脱贫与振兴经验的调查 [J]．湖南师范大学社会科学学报，2021，50（04）：31-40.

[7] 梁振华，李倩，齐顾波．农村发展项目中的村干部能动行为分析：基于宁夏张村的个案研究 [J]．中国农业大学学报（社会科学版），2013，30（01）：66-73.

[8] 苏昕，付文秀，于仁竹．互惠共生：村干部领办型合作社的成长模式：以山东省南小王合作社为例 [J]．经济社会体制比较，2021（06）：155-164.

[9] 王同昌．新时代农村基层党组织振兴研究 [J]．中州学刊，2019（04）：14-19.

[10] 王同昌．农村基层党组织组织力：弱化成因与提升之径：基于"过程"与"主体"的分析视角 [J]．扬州大学学报（人文社会科学版），2021，25（04）：12-22.

[11] 尹杰钦．以系统思维方法推进新时代农村基层党建工作 [J]．理论视野，2021（05）：65-70.

[12] 易新涛．党的农村基层组织建设：百年探索与基本经验 [J]．西南民族大学学报（人文社会科学版），2021，42（06）：75-82.

[13] 董江爱，张瑞飞．联村党支部：乡村振兴背景下农村基层党建方式优化 [J]．中共福建省委党校（福建行政学院）学报，2020（02）：60-66.

[14] 张娅．国外学者关于中国梦认知的分歧评析：兼驳对中国梦的偏见与误读 [J]．社会主义研究，2016（01）：161-167.

[15] 刘建生．加强农村公共服务建设为乡村振兴蓄势赋能：《乡村振兴战略下农村公共服务建设研究》书评 [J]．经济问题，2023（03）：2.

[16] 张国栋, 孙琪光. 生态文明思想下美丽乡村建设的实践研究: 以辽宁省盘锦市为例 [J]. 农业经济, 2023 (02): 58-60.

[17] 杨春华. 扎实推进宜居宜业和美乡村建设 [J]. 红旗文稿, 2023 (03): 26-29.

[18] 郭岩峰, 张春艳. 乡村振兴战略视域下美丽乡村建设的行动路径探析 [J]. 农业经济, 2023 (02): 66-67.

[19] 白双翎. 乡村振兴视域下的农村文化建设路径研究 [J]. 农业经济, 2023 (02): 61-63.

[20] 王亚华. 推进乡村振兴与建设农业强国 [J]. 求索, 2023 (01): 113-119.

[21] 田祥宇. 乡村振兴驱动共同富裕: 逻辑、特征与政策保障 [J]. 山西财经大学学报, 2023, 45 (01): 1-12.

[22] 杨守森. 审美生态视野中的中国当代乡村建设 [J]. 山东社会科学, 2023 (01): 71-81.

[23] 夏冬. 乡村振兴背景下乡村旅游"地产化"与乡村建设困境研究 [J]. 贵州社会科学, 2022 (12): 161-168.

[24] 崔腾飞. 美丽乡村建设同质化: 现象分析、驱动机制与转向策略 [J]. 贵州社会科学, 2022 (12): 145-152.

[25] 王晓欣, 钱贵霞. 乡村振兴战略下草牧业可持续发展水平研究 [J]. 中国饲料, 2023 (01): 159-167.

[26] 胡俊生, 王彦岩. 新时代乡村振兴战略的内在逻辑研究 [J]. 农业经济, 2022 (12): 29-30.

[27] 张孝德, 杜鹏程. 乡村生态文明建设的使命、道路与前景: 基于文明形态与"现代化悖论"理论的分析 [J]. 中国农业大学学报 (社会科学版), 2022, 39 (06): 5-19.

[28] 柳颖, 陈静. 乡贤能人带动乡村产业振兴的效应分析与问题规避: 基于乌兰察布市和兴安盟的田野调查 [J]. 内蒙古社会科学, 2022, 43 (06): 193-199.

[29] 包思勤. 内蒙古在高质量发展中促进共同富裕的实践路径研究 [J]. 内蒙古社会科学, 2022, 43 (06): 186-192.

[30] 谭鑫, 杨怡, 韩镇宇, 等. 欠发达地区新型城镇化与乡村振兴战略协同水平的测度及影响因素: 基于政府效率和互联网发展视角 [J]. 经济问题探索, 2022 (11): 101-112.

[31] 赵欣, 任飞宇. 民族地区美丽乡村建设模式研究: 基于奈曼旗 14 个苏木乡镇 36 个嘎查村的调研 [J]. 黑龙江民族丛刊, 2021 (01): 64-70.

[32] 周明星, 翟坤周. 新时代少数民族地区美丽乡村建设的困境审视与路径创新 [J]. 贵州民族研究, 2019, 40 (07): 46-51.

[33] 曹开军, 王秘密. 中国美丽乡村空间格局演变及其影响因素 [J]. 地理科学, 2022, 42 (08): 1446-1454.